आर्टिफिशियल इंटेलिजेंस –
सर्वजन हिताय: सर्वजन सुखाय:

उत्पल चक्रबोर्ती
रोहित शर्मा

FIRST EDITION 2020

ISBN: 978-93-89328-301

Distributors:

BPB PUBLICATIONS
20, Ansari Road, Darya Ganj
New Delhi-110002
Ph: 23254990/23254991

DECCAN AGENCIES
4-3-329, Bank Street,
Hyderabad-500195
Ph: 24756967/24756400

MICRO MEDIA
Shop No. 5, Mahendra Chambers,
150 DN Rd. Next to Capital Cinema,
V.T. (C.S.T.) Station, MUMBAI-400 001
Ph: 22078296/22078297

BPB BOOK CENTRE
376 Old Lajpat Rai Market,
Delhi-110006
Ph: 23861747

Published by Manish Jain for BPB Publications, 20 Ansari Road, Darya Ganj, New Delhi-110002 and Printed at Repro India Ltd, Mumbai

समर्पित

बीरेंद्रनाथ चक्रबोर्ती (पिता)

सिखा चक्रबोर्ती (माँ)

सुचंदा चक्रबोर्ती (पत्नी)

पांचाली चक्रबोर्ती गुप्ता (बहन)

अरूप गुप्ता (बहनोई)

अर्नब चक्रबोर्ती (पुत्र)

अविघ्न गुप्ता (भांजा)

मेरे पूरे परिवार को, जो मुझे अपने जीवन के हर पड़ाव पर प्रेरित करता है।

— उत्पल चक्रबोर्ती

माँ-पापा को

— रोहित शर्मा

लेखक परिचय

उत्पल चक्रबोर्ती एक प्रतिष्ठित डेटा साइंटिस्ट, आर्टिफिशियल इंटेलिजेंस शोधकर्ता, लेखक और रणनीतिकार हैं | उनके पास दो दशकों से अधिक का औद्योगिक अनुभव है, जिसमें एल. एंड टी. इन्फोटेक, आई.बी.एम., कैपजेमिनी और अन्य बहुराष्ट्रीय कंपनियों में एक प्रिंसिपल आर्किटेक्ट के रूप में काम करना शामिल है। वर्तमान में वे येस बैंक में आर्टिफिशल इंटेलिजेंस हेड के रूप में काम कर रहे हैं| उत्पल दुनिया भर के सम्मेलनों में आर्टिफिशियल इंटेलिजेंस, रोबोटिक प्रोसेस ऑटोमेशन, इंटरनेट ऑफ़ थिंग्स, एजाइल और लीन जैसे विषयों के एक प्रसिद्ध वक्ता और लेखक हैं। मशीन लर्निंग पर उनके हाल के शोधपत्र "लेयर्ड अप्प्रोक्सिमेशन फॉर डीप न्यूरल नेटवर्क्स" की सराहना विभिन्न सम्मेलनों, संस्थानों और विश्वविद्यालयों में की गई है। उन्होंने विभिन्न उद्योगों में आउट-ऑफ-द-बॉक्स हाइब्रिड एजाइल और लीन कार्यान्वयन का भी प्रदर्शन किया है जिसे दुनिया भर के एजाइल और लीन समुदायों द्वारा मान्यता और भरपूर सराहना मिली है।

रोहित शर्मा एक अनुभवी बैंकर और आई.टी. प्रोफेशनल हैं और भारतीय बैंकिंग परिदृश्य में विभिन्न बैंकों में आई.टी. परियोजनाओं के क्रियान्वयन का सत्रह वर्षों का अनुभव रखते हैं। राजस्थान राज्य की पहली ई-गवर्नेंस परियोजना "जनमित्र" के क्रियान्वयन से अपने पेशेवर जीवन की शुरुआत करने के पश्चात इन्होने पंजाब नैशनल बैंक, कैनरा बैंक, आईसीआईसीआई बैंक, एक्सिस बैंक और येस बैंक में आई.टी. प्रोजेक्ट मैनेजर के रूप में कार्य किया है और वर्तमान में एयू स्मॉल फाइनेंस बैंक में आई.टी. परियोजनाओं के क्रियान्वयन हेतु अपनी सेवाएं दे रहे हैं।

आभार

ऐसे कुछ लोग हैं जिन्हें मैं न केवल इस किताब के लेखन के दौरान बल्कि आर्टिफिशियल इंटेलिजेंस के क्षेत्र में एक चैंपियन और उद्योग विशेषज्ञ बनने की मेरी यात्रा के दौरान दिए गए निरंतर समर्थन के लिए धन्यवाद देना चाहता हूं। मैं अपनी माँ और पिताजी, मेरी पत्नी, मेरी बहन और मेरे जीजा, मेरे बेटे और मेरे भांजे को धन्यवाद देना चाहता हूं। मैं उनके समर्थन के बिना इस पुस्तक को कभी पूरा नहीं कर सकता था। इसके अलावा, मैं बीपीबी प्रकाशन के नृप जैन को धन्यवाद देना चाहता हूं जिन्होंने मुझे यह पुस्तक लिखने का मौका दिया।

— उत्पल चक्रबोर्ती

हिंदी पाठकों के लिए मूल अंग्रेजी पुस्तक के हिंदी संस्करण की सोच को वास्तविकता में बदलने और इस मुहिम में मुझे अपने साथ लेने के लिए उत्पल दा का हार्दिक आभार ।

— रोहित शर्मा

प्रस्तावना

वैश्विक तकनीकी प्रगति की ऐतिहासिक यात्रा में आर्टिफिशियल इंटेलिजेंस (AI) टेक्नोलॉजी का उपयोग एक अति-महत्वपूर्ण मील का पत्थर है। सकारात्मक दृष्टि से देखा जाए तो AI टेक्नोलॉजी मानवता के लिए एक ऐसा वरदान है जो सदियों से अनसुलझी समस्याओं को सुलझाने की विशाल क्षमता रखता है। AI के उपयोग से चिकित्सा एवं स्वास्थ्य, अंतरिक्ष विज्ञान, री-यूजेबल ऊर्जा, स्वचालित वाहन और कई अन्य क्षेत्रों में हो रही क्रांति अति-सराहनीय है। यह निश्चित रूप से कहा जा सकता है कि AI भविष्य की टेक्नोलॉजी है। इसके उपयोग से कई समस्याएं सुलझाई जा चुकी हैं और आने वाले समय में कई और समस्याएं सुलझाई जाती रहेंगीं।

यह हमारा सौभाग्य है कि हम ऐसे काल-खंड के गवाह हैं जब तकनीकी Innovation अपने स्वर्णिम दौर से गुजर रहा है। फिनटेक क्षेत्र में AI, Big Data & Analytics, Internet of Things (IoT), Blockchain एवं अन्य तकनीकों का उपयोग हर उद्योग के स्वरुप को बदल रहा है। ऐतिहासिक स्वर्णिम काल-खंडों की भांति इस बार भी न केवल AI अपितु अन्य अभूतपूर्व समकालिक इनोवेशन्स एक दूसरे के पूरक बनकर ऐतिहासिक परिवर्तन ला रहे हैं। यह परिदृश्य न केवल महत्वपूर्ण इनोवेशन्स की विशाल संभावनाएं दिखलाता है बल्कि आने वाले वर्षों में ऐसे बड़े बदलाव लाने की आशा भी जगाता है जैसे अतीत में कभी न हुए हों।

यहाँ यह प्रश्न उठना स्वाभाविक है कि AI का यह काल-खंड इतना महत्वपूर्ण क्यों है? यदि हम इतिहास की ओर दृष्टि डालें तो पायेंगें कि औद्योगिक क्रांति ने मशीनों को "मैकेनिकल पावर" दी जिसके द्वारा ये मशीनें बारम्बार दोहराए जाने वाले काम मनुष्यों की तुलना में बड़ी मात्रा में, तेज रफ़्तार से और अधिक दक्षता से कर पाने लगीं। सत्तर और अस्सी के दशक में आई सूचना प्रौद्योगिकी क्रांति ने मशीनों को "कम्प्यूटेशन पावर" दी जिसके द्वारा ये मशीनें बारम्बार दोहराए जाने वाले कम्प्यूटेशनल कार्यों को अत्यधिक रफ़्तार और दक्षता से करने लगीं। अब AI ने मशीनों को "कॉग्निटिव स्किल्स" दी हैं जिनका उपयोग कर ये मशीनें स्वतः ही सीख सकती हैं, विश्लेषण कर सकती हैं, तार्किक विचार कर सकती हैं और इस तरह जुटाई गई सीख को आगे उपयोग कर सकती हैं। इस तरह से कॉग्निटिव स्किल्स युक्त मशीनें व तकनीकी संसाधन बुद्धिमतापूर्ण होते जा रहे हैं। चूँकि हम इंसानों का झुकाव हमेशा से बुद्धिमतापूर्ण मशीनों की

और रहा है, अतः AI से लैस मशीनों का उपयोग निरंतर बढ़ता जा रहा है और यही कारण है कि सभी उद्योगों का मुख्य फोकस आज AI पर है।

AI का उपयोग आज केवल किसी एक क्षेत्र तक ही सीमित नहीं है वरन यह सभी क्षेत्रों में तेजी से फैल रहा है। बैंकिंग और फाइनेंस, चिकित्सा और स्वास्थ्य, रिटेल और मैन्युफैक्चरिंग उद्योग AI के उपयोग में सबसे बड़े निवेशक हैं। अगर हम बैंकिंग और फाइनेंस क्षेत्र की बात करें तो यह क्षेत्र आज विभिन्न disruptive तकनीकों का उपयोग कर एक क्रांतिकारी बदलाव के दौर से गुजर रहा है। AI इन्हीं तकनीकों में से एक तकनीक है जो न केवल फिनटेक क्षेत्र में, अपितु अन्य उद्यमों में भी प्रयुक्त की जा रही है और ये उद्यम इस तकनीक का उपयोग कर अपने प्रतिस्पर्धियों पर बढ़त बनाने में कामयाब हुए हैं।

जहाँ एक और AI के उपयोग के अनेक फायदे गिनाए जा सकते हैं, वहीं उद्यमों के लिए स्पष्ट विज़न, स्ट्रेटेजी, रोडमैप और निष्पादन योजना के अभाव में AI तकनीक पर किए गए निवेश पर लाभ कमाना इतना आसान भी नहीं है। हालाँकि उपरोक्त तथ्य सभी प्रकार के AI युक्त उद्यमों पर लागू होते हैं परन्तु AI आधारित प्रयोगों और उपयोगों को अनूठा बनाने वाले कारकों में एक ओर वे चुनौतियाँ शामिल हैं जो लगातार विकसित हो रही तकनीकी क्षमताओं यथा कंप्यूटर विज़न, स्पीच रिकग्निशन, टेक्स्ट प्रोसेसिंग और ट्रांसलेशन आदि से सम्बद्ध हैं वहीं दूसरी ओर है बाजार में मौजूद AI सेवा प्रदाताओं की फ़ौज जिसमें प्रोडक्ट दिग्गजों से लेकर छोटे व स्वतःस्फूर्त स्टार्टअप्स मौजूद हैं जो AI की मूलभूत क्षमताओं की विविध श्रृंखला अपने अनुभव और परिपक्वता के आधार पर विभिन्न उद्यमों और उपयोगों के लिए प्रस्तुत कर रहे हैं। साथ ही, AI से जुडी विभिन्न तकनीकें बड़ी तेजी से लगातार विकसित हो रहीं हैं और इनकी क्षमताओं को बेंचमार्क करना बहुत ही चुनौतीपूर्ण हो गया है।

यह पुस्तक "आर्टिफिशल इंटेलिजेंस - सर्वजन हिताय: सर्वजन सुखायः" अलग-अलग कार्यक्षेत्रों और उद्योगों में आर्टिफिशल इंटेलिजेंस (AI) के क्रियान्वयन के अनुभवों को एक साथ लाने की कोशिश है। आशा है कि पाठक पुस्तक का आनंद लेंगें।

विषय-सूची

1. आर्टिफिशियल इंटेलिजेंस विश्व महाशक्ति – किसका नेतृत्व, कौन दावेदार 1
   - AI अनुसंधान 3
   - उपयोग करने योग्य डेटा 3
   - AI इंजीनियर्स और डेटा वैज्ञानिक मानव संसाधन 3
   - सरकार से समर्थन और नागरिकों में जागरूकता 4
   - वित्त पोषण एवं वेंचर कैपिटलिस्ट इकोसिस्टम 4
   - अमेरिका 4
   - कनाडा 5
   - चीन 5
   - यू.के., यूरोप, जापान और रूस 8
   - भारत 9

2. AI - NextGen Banking का मूल आधार 15

3. आपकी AI यात्रा में AI Framework कैसे आमूलचूल परिवर्तन ला सकता है? 21
   - AI फ्रेमवर्क की जरूरत क्यों है? 21

4. आर्टिफिशियल न्यूरल नेटवर्क 27

5. ऑटोमेशन हमारे रहन सहन के अनुभव को बदल देगा 33
   - रोज़मर्रा के कामों की नीरसता से मुक्त हो जाओ और स्वायत्त घरों को इन्हें निपटाने दो 34
   - स्वायत्त घरों में अचूक सुरक्षा के लिए सतर्कता 35
   - वरिष्ठ नागरिकों के लिए कुशल देखभाल प्रणाली 35
   - बच्चों के देखभाल की स्वचालित सुविधा 36
   - ऊर्जा अनुकूलन 36
   - स्वायत्त घर हमारे रहन-सहन के तरीकों को बदल रहे हैं 37
   - अवसर, व्यापार की संभावनाएं 37

6. स्वचालित वाहनों के सामाजिक और आर्थिक प्रभाव....39
मानव जीवन पर सकारात्मक प्रभाव 41
वैश्विक अर्थव्यवस्था पर सकारात्मक प्रभाव....42
स्वचालित वाहनों के लिए बुनियादी ढांचा....42
स्वचालित वाहन: मानव रोजगार के लिए खतरा? 43
स्वचालित कारों के बड़े पैमाने पर उत्पादन और उपयोग के नुकसान....44
7. आर्टिफिशियल इंटेलिजेंस BFSI क्षेत्र को कैसे बदल रहा है?....45
8. स्टार्टअप्स और टेक्नोलॉजी दिग्गज कंपनियों के बीच AI प्रतिस्पर्धा....49
Darktrace 51
Benevolent AI 51
Diffblue....51
9. CIOs और CTOs की प्राथमिकताओं में आर्टिफिशियल इंटेलिजेंस 53
10. खेल क्षेत्र में आर्टिफिशियल इंटेलिजेंस....57
विभिन्न खेलों में उपयोग की गई AI तकनीकें....58
11. आर्टिफिशियल इंटेलिजेंस के उपयोग से एक देश को कैसे बदला जा सकता है? 63
AI को नागरिकों के जीवन की गुणवत्ता में सुधार के लिए कैसे इस्तेमाल किया जा सकता है?....63
ग्रामीण क्षेत्रों को AI की कितनी आवश्यकता है?....64
हमें अपने किसानों को AI द्वारा सशक्त बनाने की आवश्यकता क्यों है? 64
AI स्वास्थ्य सेवाओं को कैसे बदल सकती है?....64
आर्टिफिशियल इंटेलिजेंस और शहरी यातायात नियंत्रण....65
क्या आर्टिफिशियल इंटेलिजेंस ऊर्जा के भविष्य को आकार दे रहा है?....65
कानूनी उद्योगों में आर्टिफिशियल इंटेलिजेंस का आगमन....66
शिक्षा क्षेत्र में आर्टिफिशियल इंटेलिजेंस कहाँ है? 66

महिला सशक्तिकरण और सुरक्षा में आर्टिफिशियल इंटेलिजेंस की भूमिका 67
वन्यजीव और रोबोटिक्स 67
नए जीवन की खोज के लिए आर्टिफिशियल इंटेलिजेंस 68

12. आर्टिफिशियल इंटेलीजेंस चैटबॉट की शक्ति को कम मत आंकिए 69
संवादात्मक परिपक्वता 72
कांटेक्ट सेंटर के कार्यों का संचालन 73

13. उद्योग जगत द्वारा आर्टिफिशियल और कॉग्निटिव इंटेलिजेंस का Adoption 75
आर्टिफिशियल इंटेलिजेंस और कॉग्निटिव इंटेलिजेंस क्या हैं? 76
उद्योगों में आर्टिफिशियल इंटेलिजेंस और कॉग्निटिव इंटेलिजेंस के उपयोग का स्तर कितना है? 77
Weak (कमजोर) आर्टिफिशियल इंटेलिजेंस क्या है? 77
Strong (सशक्त) आर्टिफिशियल इंटेलिजेंस क्या है? 78
आर्टिफिशियल इंटेलिजेंस की सफलता के महत्वपूर्ण कारक 78
कॉग्निटिव इंटेलिजेंस में निवेश पर वर्तमान डेटा 79
आर्टिफिशियल इंटेलिजेंस और कॉग्निटिव तकनीकों का उपयोग करने से किस उद्योग को सबसे अधिक लाभ होता है? 79
भौगोलिक परिदृश्य 80

14. आर्टिफिशियल इंटेलीजेंस – BFSI उद्योग में सबसे बड़ा Disruptor 81

15. स्वास्थ्य देखभाल में आर्टिफिशियल इंटेलीजेंस का उपयोग 85

16. साइबर सुरक्षा में AI - कॉग्निटिव साइबर रक्षा 89

17. साइबर खतरे से सावधान रहें 93

18. भारत में AI क्रांति - AI के लिए राष्ट्रीय रणनीति 97
मुख्य क्षेत्रों का सारांश 99
स्वास्थ्य सेवा 99
कृषि 100

शिक्षा 101
Adaptive learning tools for customized learning 101
स्मार्ट सिटीज और इन्फ्रास्ट्रक्चर 102
स्मार्ट मोबिलिटी और परिवहन 102
चुनौतियां, समाधान और अनुशंसाएँ 103

19. टूर एंड ट्रेवल्स क्षेत्र में AI - डिजिटल ट्रैवलर की यात्रा 105

20. आर्टिफिशियल इंटेलिजेंस के 100 शीर्ष उपयोग 111
हेल्थकेयर क्षेत्र में आर्टिफिशियल इंटेलिजेंस के उपयोग 112
ऑटोमोबाइल क्षेत्र में आर्टिफिशियल इंटेलिजेंस के उपयोग 114
बैंकिंग और वित्त क्षेत्र में आर्टिफिशियल इंटेलिजेंस के उपयोग 117
विनिर्माण और डिजाइन क्षेत्र में आर्टिफिशियल इंटेलिजेंस के उपयोग 121
शिक्षा क्षेत्र में आर्टिफिशियल इंटेलिजेंस के उपयोग 124
रिटेल क्षेत्र में आर्टिफिशियल इंटेलिजेंस के उपयोग 126
AI के व्यक्तिगत उपयोग 128
सैन्य क्षेत्र में AI के उपयोग 131
समाचार जगत में AI के उपयोग 133

21. आधुनिक ऑटोमेशन का रोजगार क्षेत्र पर प्रभाव 137
क्या इस बार भी ऐसा ही होगा? 138

अध्याय 1

आर्टिफिशियल इंटेलिजेंस विश्व महाशक्ति – किसका नेतृत्व, कौन दावेदार

आज सम्पूर्ण विश्व में आर्टिफिशियल इंटेलिजेंस (AI) का डंका जोरों शोरों से बज रहा है, कंप्यूटर साइंस की इस विधा को विश्व के बेहतरीन भविष्य के लिए गेम चेंजर के रूप में देखा जा रहा है। विभिन्न देशों में विविध सामाजिक/ प्रशासनिक / औद्योगिक / वैज्ञानिक प्रक्रियाओं में आर्टिफिशियल इंटेलिजेंस का भरपूर उपयोग अभिनव तरीकों से किया जा रहा है। इस पृष्ठभूमि में यह जानना अत्यंत रोचक और ज्ञानप्रद होगा कि विश्व के विभिन्न देशों में से कौन से देश इस सकारात्मक प्रतिस्पर्धा के अग्रणी दावेदार हैं और कौन सा देश इसमें सबसे आगे है।

इस सन्दर्भ में रूस के राष्ट्रपति व्लादिमीर पुतिन कहते हैं – "आर्टिफिशियल इंटेलिजेंस भविष्य है और जो आर्टिफिशियल इंटेलिजेंस में नेता बनेगा वही दुनिया का शासक बनेगा"। चीन के राष्ट्रपति शी जिनपिंग के अनुसार – "चीन 2030 तक आर्टिफिशियल इंटेलिजेंस में विश्व का नेता बनना चाहता है"। अमेरिकी व्हाइट हाउस प्रशासन पहले ही घोषणा कर चुका है – "अमेरिका आर्टिफिशियल इंटेलिजेंस में वैश्विक नेता रहा है, और ट्रम्प प्रशासन यह सुनिश्चित करेगा कि हमारा महान राष्ट्र आर्टिफिशियल इंटेलिजेंस में वैश्विक नेता बना रहे"। भारत के नीति आयोग द्वारा प्रकाशित आर्टिफिशियल इंटेलिजेंस की

राष्ट्रीय रणनीति में "आर्टिफिशियल इंटेलिजेंस–फॉर-ऑल" सबसे महत्वपूर्ण दृष्टिकोण है।

उपरोक्त कथन स्पष्ट रूप से इंगित करते हैं कि AI के क्षेत्र में वर्चस्व की दौड़ ने पहले से ही गति पकड़ रखी है और AI ने मुख्यधारा की राजनीति और विश्व के नेताओं को एक शानदार तरीके से प्रभावित करने में कामयाबी हासिल की है।

दूसरी ओर, दुनिया भर में कई विशेषज्ञ पहले से ही यह घोषणा करने की जल्दी में हैं कि कौन सा देश AI महाशक्ति बनने जा रहा है और कौन पहले से ही दौड़ में आगे है। उनमें से कुछ, प्रयोजनपूर्वक, सिमुलेटेड AI मृग मरीचिका का निर्माण कर खुद के आर्टिफिशियल इंटेलिजेंस महाशक्ति होने का दावा कर रहे हैं ताकि दुनिया और निवेशकों का ध्यान आकर्षित किया जा सके।

ध्यान दें, यह एक स्वस्थ प्रतियोगिता नहीं होने जा रही है, खासकर जब हमारे पास ऐसे दावेदार हैं जो इस प्रतियोगिता में आगे रहने के लिए कोई भी संभव नैतिक या अनैतिक प्रयास करने से नहीं कतराने वाले हैं। जहाँ कुछ देश पहले से ही इस दौड़ में अग्रणी हैं, वहीँ कुछ अन्य देश मजबूत दावेदार हैं जिनके पास निकट भविष्य में नेता बनने की बहुत संभावनाएं हैं। किसी निष्कर्ष पर पहुँचने से पहले और छिपे हुए एजेंडों को अलग रखते हुए, हमें पहले इस दौड़ में एक दावेदार होने की पूर्वापेक्षाओं पर विचार करना होगा।

इस बहस को आगे बढ़ाने से पहले हमें AI के वर्चस्व को मापने और उसे प्रभावित करने वाले कारकों को मापने के लिए मापदंडों को परिभाषित करना होगा। क्या यह वर्चस्व इस मापदंड से मापा जा सकता है कि एक देश द्वारा AI का उपयोग करने से कितने डॉलर उत्पन्न होते हैं, या इस मापदंड से कि AI का उपयोग कर मानवता की किन मुख्य समस्याओं का हल किया जा सकता है जिससे एक राष्ट्र के नागरिकों के जीवन की गुणवत्ता को ऊपर उठाया जा सके? साथ साथ ये भी देखना होगा कि AI के उपयोग की प्राथमिकताएं देश विशिष्ट या क्षेत्र विशिष्ट हैं क्या?

उदाहरणार्थ, भारत जैसे विकासशील देश के लिए AI के द्वारा यह अनुमान लगाना कि उपयोगकर्ता किस फिल्म या विज्ञापन को पसंद करेगा, उतने मायने नहीं रखता जितने मायने AI का उपयोग स्वास्थ्य सेवा और चिकित्सा, कृषि, भोजन, पानी, शिक्षा, शहरीकरण आदि जैसे कुछ मुख्य क्षेत्रों में किया जाना रखता है और इन क्षेत्रों में AI की सफलता को बहुत अधिक महत्व से मापा जाना चाहिए। आइये, इसे समझने के लिए एक कदम पीछे हटते हैं और पहले

उन कारकों पर चर्चा करते हैं जो अनिवार्य रूप से इस दौड़ के दावेदारों को नेता बनाने में भारी मदद कर सकते हैं।

तकनीकी रूप से पाँच ऐसी प्रमुख पूर्वापेक्षाएँ हैं जो एक देश में AI इकोसिस्टम के विकास के लिए अत्यावश्यक हैं। इन पांच पूर्वापेक्षाओं के अलावा ऐसी अन्य अपेक्षाएं भी हो सकती हैं जो AI की उन्नति और कार्यान्वयन में योगदान करती हों।

AI अनुसंधान

AI एक विकासशील क्षेत्र है, विभिन्न AI तकनीकें अनुसंधान के साथ परिपक्व और बेहतर हो रही हैं। पिछले कुछ वर्षों में "डीप लर्निंग" के बाद शायद एक और ज़बरदस्त सफलता नहीं मिली हो, लेकिन कई सुधार हुए हैं और कई अलग-अलग क्षेत्रों में डीप लर्निंग और अन्य AI प्रौद्योगिकियों के द्वारा छोटे और मध्यम Innovation किये गए हैं, और वे सभी अनिवार्य रूप से AI क्षेत्र में हो रहे निरंतर शोधों के कारण हैं। इसलिए, AI अनुसंधान को गले लगाने वाला इकोसिस्टम एक देश के AI क्षेत्र में प्रगति के लिए बहुत आवश्यक है, चाहे ये अनुसंधान AI कंपनियों के अनुसंधान/विकास कक्षों में किये जाएँ या शिक्षा तंत्र में किये जाएँ या फिर सरकार के सहयोग से किये जाएँ।

उपयोग करने योग्य डेटा

उपयोग करने योग्य डेटा वास्तविक दुनिया की डिजिटाइज्ड भौतिक सेवाओं से आता है, जिसका अर्थ है कि देश में कितनी भौतिक सेवाओं को डिजिटल किया गया है और उन सेवाओं से डेटा एकत्र और संग्रहित किया गया है, जिसे AI कंपनियों और शोधकर्ताओं के लिए उपलब्ध कराया जाए, ताकि वे उसका उपयोग अपने AI मॉडल्स को समृद्ध बनाने के लिए कर सकें।

AI इंजीनियर्स और डेटा वैज्ञानिक मानव संसाधन

पारंपरिक सॉफ्टवेयर इंजीनियरों को AI में निपुण होने के लिए मशीन लर्निंग, डीप लर्निंग, नेचुरल लैंग्वेज प्रोसेसिंग आदि क्षेत्रों में विशेष कौशल की आवश्यकता होती है। डेटा साइंस बैकग्राउंड से आने वाले AI शोधकर्ताओं को AI के विभिन्न क्षेत्रों में शोध करने के लिए उच्च कौशल और पृष्ठभूमि की

जरूरत होती है। ऐसे AI इंजीनियरों और शोधकर्ताओं की पर्याप्त तादाद AI को देश में आगे बढ़ाने के लिए आवश्यक होती है। जिस देश के तकनीकी कॉलेज और विश्वविद्यालय जितने अधिक कुशल मानव संसाधन तैयार करेंगें, उस देश के वैश्विक AI महाशक्ति होने की सम्भावना उतनी ही ज्यादा होगी।

सरकार से समर्थन और नागरिकों में जागरूकता

सरकार से समर्थन और सहयोग (चाहे वो AI के लिए आधारभूत संरचना का निर्माण करने के लिए हो या AI को विकसित करने के लिए नीतियां तैयार करना हो या AI को अपनाने के लिए उद्यमों को प्रोत्साहित करना हो) और नागरिकों में इसके लिए जागरूकता अत्यावश्यक है। एक देश की सरकार AI जैसी बढ़ती हुई प्रौद्योगिकी के लोकतंत्रीकरण में प्रमुख भूमिका निभाती है।

वित्त पोषण एवं वेंचर कैपिटलिस्ट इकोसिस्टम

उचित वित्त पोषण (पूँजी निवेश) और एक परिपक्क वेंचर कैपिटलिस्ट इकोसिस्टम देश में AI स्टार्टअप एवं अन्य AI उपक्रमों को आगे बढ़ाने के लिए अत्यधिक महत्वपूर्ण है। उचित वित्त पोषण के साथ साथ उनका मार्गदर्शन करना, उनके दृष्टिकोण पर विश्वास करना और उनके विकास का हिस्सा होना बहुत महत्वपूर्ण है, जिसकी उम्मीद केवल एक परिपक्क वेंचर कैपिटलिस्ट इकोसिस्टम से ही की जा सकती है। इस विशिष्ट क्षेत्र में, अन्य सभी AI अवयवों के होने के बावजूद, भारत जैसे सभी विकासशील देश और उनके युवा उद्यमी और स्टार्टअप संघर्ष कर रहे हैं।

यहाँ इस दौड़ के अग्रणी देशों और कुछ मजबूत दावेदारों की सूची प्रस्तुत की जा रही है। ध्यान दें, इस सूची में दावेदारों का क्रम और उनके लिए लिखे गए गद्य की लंबाई, दौड़ में उनकी क्षमताओं और स्थिति के लिए कोई महत्व नहीं रखती है।

अमेरिका

निस्संदेह बड़े पैमाने पर AI अनुसंधान और AI कार्यान्वयन दोनों मामलों में संयुक्त राज्य अमेरिका इस दौड़ में सबसे आगे है। अमेरिका को दुनिया के सबसे अच्छे AI शोधकर्ता मिले हैं, अधिकांश तकनीकी और AI दिग्गज

अमेरिका-आधारित हैं। विश्व स्तर पर उपयोग किए जाने वाले AI उत्पादों में से अधिकांश अमेरिकी उत्पाद हैं। अमेरिका के पास AI को फलने-फूलने देने के लिए बहुत बड़ा डेटा उपलब्ध है क्योंकि वहां की अधिकांश भौतिक सेवाएं पहले से ही डिजीटल हैं। अमेरिका में सबसे अच्छे विश्वविद्यालय और प्रतिभाएं हैं, सर्वश्रेष्ठ AI प्रयोगशालाएं और अब तक का सबसे अच्छा वित्त पोषण इकोसिस्टम अमेरिका के पास है। लेकिन कहानी में एक मोड़ है - अन्य प्रौद्योगिकियों के विपरीत, AI के मामले में कुछ देश अमेरिका से बहुत पीछे नहीं हैं और वास्तव में भविष्य में अमेरिका को पीछे छूट जाने की संभावना है।

कनाडा

AI शोध में कनाडा बहुत आगे है, कनाडा के पास बेहतरीन AI शोधकर्ता और विश्वविद्यालय हैं। कनाडा के विश्वविद्यालय हर साल कुछ सर्वश्रेष्ठ AI शोधकर्ताओं को तैयार करते हैं। इसके अलावा दुनिया भर के प्रतिभाशाली पेशेवर AI के विभिन्न क्षेत्रों पर शोध करने और अपने विचारों को कार्यान्वयन योग्य समाधानों में बदलने के लिए कनाडा जाते हैं। दुर्भाग्य से कनाडाई प्रतिभाएं बहुत ही अकादमिक और अनुसंधान उन्मुख हैं और वहां वास्तविक उद्यमियों की वास्तविक कमी है जो AI को कक्षाओं और प्रयोगशालाओं से परे सड़क पर ले जा सकें। शायद यही कारण है कि दुनिया के अधिकांश प्रतिभाशाली AI पेशेवर होने के बावजूद अभी तक वे सर्वश्रेष्ठ AI उत्पादों या AI कंपनियों का निर्माण करने में सक्षम नहीं थे। कनाडा सरकार ने इस तथ्य को महसूस किया है और वर्तमान में वह AI कार्यान्वयन पर भारी ध्यान केंद्रित कर रही है और यह खोज कर रही है कि इससे राजस्व कैसे उत्पन्न किया जाए। इसके अलावा, हाल ही में अमेरिका में आव्रजन प्रतिबंध लगने से कनाडा और कुछ अन्य AI दावेदार देशों के लिए दुनिया भर से अधिक से अधिक प्रतिभाओं को आकर्षित करने का रास्ता खुल गया है।

चीन

चीन एक नकलची से रूपांतरित होकर अतुलनीय उद्यमशीलता के अनूठे रूप में उभरा है। यहाँ नकलची शब्द थोड़ा आक्रामक लग सकता है लेकिन हमारा विश्वास है कि लेख के इस विशेष संदर्भ में इस शब्द का बड़ा महत्व है जिसकी चर्चा हम अगले कुछ पैराग्राफ में करने जा रहे हैं। व्यक्तिगत रूप से मैं चीन और चीनी उद्यमियों का बहुत सम्मान करता हूँ, विशेष रूप से इस बात के लिए

कि पिछले कुछ दशकों में उन्होंने खुद को कैसे बदल दिया है। यह परिवर्तन अविश्वसनीय है और हम सभी को उनसे सीखने के लिए एक महान सबक है। उन्होंने इस तथ्य को बड़े पैमाने पर प्रदर्शित किया है कि कैसे आप एक नकल के रूप में शुरुआत कर सकते हैं और कड़ी मेहनत और समर्पण के माध्यम से एक आविष्कारक बन सकते हैं। यह सच नहीं है कि एक सफल उद्यमी बनने के लिए आपको हमेशा एक आउट-ऑफ-द-बॉक्स अभिनव कॉन्सेप्ट या एक उत्पाद की आवश्यकता होती है जैसा कि हमारे कई युवा भारतीय उद्यमी कभी-कभी गलत तरीके से सोचते हैं। आप अपनी साधारण अवधारणा को उपयोगकर्ता की जरूरतों, परिचालन उत्कृष्टता और बेहतर उपयोगिता को ध्यान में रखते हुए भी एक अभिनव उत्पाद में बदल सकते हैं, इस तरह से आपका उत्पाद एक महान उत्पाद के रूप में सामने आ सकता है और आज के कई चीनी सफल उत्पादों के साथ यही हुआ है।

दो दशक पूर्व, चीन ने ऐसी शुरुआत की जिसे हम सीधी नकल कह सकते हैं। चीन ने Google, अमेज़न, फेसबुक, व्हाट्सएप और इसी तरह के अन्य उत्पादों के चीनी संस्करणों का निर्माण किया, जो चीनी बाजार और चीनी उपयोगकर्ताओं के लिए उपयुक्त हैं। जल्द ही चीनियों को एहसास हुआ कि अगर वे अपने उपयोगकर्ताओं और ग्राहकों को विश्व स्तर की बेहतरीन सेवाएं, क्षेत्रीय स्वरूप में प्रदान कर पाते हैं तो यह नुस्खा एक सामान्य वैश्विक उत्पाद की तुलना में बहुत बेहतर काम करेगा। यही चीन की अद्वितीय उद्यमशीलता के गुप्त नुस्खे का संभवतः एक तत्व है।

कल्पना कीजिए कि आप एक प्रसिद्ध उत्पाद की नकल करने में सक्षम हैं और आपके पास इसके ऊपर Innovation करने की क्षमता है तो आप हमेशा अपने प्रतिस्पर्धियों पर बढ़त बनाये रख सकते हैं। चीन की उद्यमशीलता, Innovation और मूल्य निर्माण का सूत्र इस तथ्य पर टिका है कि हर क्षेत्र में चीनी उद्यमियों के बीच बहुत कड़ी प्रतिस्पर्धा है और इन प्रतिस्पर्धियों के बीच टिके रहने का एकमात्र तरीका यही है कि आप अपने उत्पाद को उस उच्चतम स्तर पर ले जाएं, जहां यह सबसे बेहतर हो। कई चीनी उद्यमियों ने पहले ही कार्य निष्पादन, उत्पाद की गुणवत्ता, बाजार में उत्पाद लाने की गति और व्यवसाय में निर्णय लेने में डेटा का बेहतर उपयोग करने में अपनी उत्कृष्टता साबित कर दी है। निष्पादन और उत्पाद की गुणवत्ता में उत्कृष्टता के मामले में वे लगातार उत्कृष्ट प्रदर्शन करते रहे हैं और आज एक ऐसे मुकाम पर पहुंच गए हैं जो न केवल चीन के भीतर और बाहर अपने प्रतिद्वंद्वियों से बेहतर है, बल्कि इस भांति से अद्वितीय है कि उनकी नक़ल भी नहीं की जा सकती है।

यही कारण है कि चीनी और पड़ोसी देशों के बाजार इन चीनी उत्पादों को गले लगाते हैं। हम सभी जानते हैं कि किसी भी उद्यमशीलता की यात्रा दूरदृष्टि से शुरू होती है और इसे प्राप्त करने के लिए एक आक्रामक निष्पादन योजना की आवश्यकता होती है। लेकिन हम अक्सर इस तथ्य को भूल जाते हैं कि निष्पादन योजना को निरंतर आधुनिकीकरण और निगरानी की आवश्यकता होती है ताकि स्थिति की मांग और बाजार की गतिशीलता के अनुसार इसे प्रासंगिक बनाए रखा जा सके। चीनी उद्यमी जानते हैं कि ऐसे अत्यधिक प्रतिस्पर्धी माहौल में कैसे जीवित रहा जा सकता है, जहां जीवित रहने का एकमात्र तरीका सिर्फ जीतना नहीं है, बल्कि अन्य सभी प्रतियोगियों को खत्म करना है ताकि वे प्रतिस्पर्धा में वापस न आ सकें।

इसके अलावा, चीन की अर्थव्यवस्था और चीनी बाजार में एक बढ़त यह है, जो भारत के लिए भी सच है, कि इन दोनों देशों में किसी भी नई अवधारणा या नए उत्पाद की कोशिश करने और परीक्षण करने के लिए एक विशाल घरेलू बाजार रुपी परीक्षण-आधार और उपयोगकर्ता-आधार है। इस बाजार की पहुँच इतनी विशाल है कि वह किसी भी उत्पाद या सेवा को अपने भीतर समाहित कर सकता है, इसके लिए आपको कम से कम प्रारंभिक अवस्था में किसी अन्य बाजार के बारे में सोचने की आवश्यकता भी नहीं है।

चीन के AI में अग्रणी होने का एक और कारण यह है कि वह खुद को कैशलेस, कार्ड-लेस, मोबाइल-ओनली अर्थव्यवस्था में बदल चुका है। इससे चीन को विशाल उपयोग करने योग्य डेटा एकत्र करने में मदद मिली जो AI कंपनियों और अन्य शोधकर्ताओं को अपने AI विकास में तेजी लाने के लिए अविश्वसनीय रूप से उपयोगी हो गया।

चीन AI रिसर्च पर भी अत्यधिक ध्यान केंद्रित कर रहा है। पिछले 3-4 वर्षों में AI शोधपत्रों और पेटेंटों की सबसे अधिक संख्या चीनी कंपनियों और चीनी शोधकर्ताओं द्वारा भरी गई है। जिन तथ्यों के आधार पर यह कहा जा सकता है कि चीन AI महाशक्ति बनने की ओर अपना मार्ग प्रशस्त कर रहा है, वे नीचे दिए गए हैं।

सबसे पहले, चीन के पास बड़ी मात्रा में उपयोग करने योग्य डेटा है जो AI के लिए प्रमुख आवश्यकता है। चीनी सरकार के साथ चीनी कंपनियां नागरिकों द्वारा उपयोग की जाने वाली अपनी कई सेवाओं को डिजिटल कर चुकी हैं, इसी वजह से चीन के पास वह पूरा डेटा है जो AI के विकास के लिए आवश्यक है। सही मायने में चीन पहला मोबाइल-फर्स्ट देश है और चीनी बाजार और

सरकार ने इन परिवर्तनों को पूरी गंभीरता से अपनाया है। दूसरा कारण है, चीन का शक्तिशाली वेंचर कैपिटलिस्ट इकोसिस्टम। विशाल वेंचर कैपिटल फंड चीनी बाजार में आसानी से उपलब्ध है और निवेशक चीनी कंपनियों और स्टार्टअप्स में धन निवेश के लिए तैयार हैं। तीसरा कारण, मेहनती चीनी उद्यमी हैं जिनके अंदर सफलता के लिए भारी भूख है और जो सच्चे ग्लेडियेटर्स की तरह "करो या मरो" दृष्टिकोण के साथ प्रतिस्पर्धा करते हैं।

चौथा कारण है, AI का लोकतंत्रीकरण करने वाली चीनी सरकार का AI को भारी समर्थन। चीनी सरकार और अधिकारी इस तथ्य के बारे में पूरी तरह से आश्वस्त है कि AI ही भविष्य है और इसलिए वे ऐसे बुनियादी ढांचे का निर्माण कर रहे है जो "Future AI Ready" है, उदाहरणार्थ बीजिंग के पास एक नए शहर की योजना बनाई गई है जिसे ऑटोमेटेड वाहनों के लिए डिज़ाइन किया गया है। इसी प्रकार चीन ऑटोमेटेड वाहनों के लिए राजमार्गों का निर्माण कर रहा है क्योंकि सड़क पर प्रकाश की स्थिति ऑटोमेटेड वाहनों को सबसे अधिक प्रभावित करती है जिसे किसी भी प्रकार की दुर्घटनाओं से बचने के लिए राजमार्गों के साथ सेंसर द्वारा पुष्टि की जा सकती है।

यहाँ चीनी AI उत्पादों के इस बड़े नुकसान का उल्लेख करना भी महत्वपूर्ण है कि वे चीन से बाहर विस्तार करने में सफल नहीं हुए हैं। इसके अलावा, चीनी उद्यमियों के लिए उनकी भाषा भी एक अवरोधक बन जाती है जब उनके उत्पादों को वैश्वीकरण करने की बात आती है। इसीलिए चीन, चीनी बाजार में बहुत अच्छा प्रदर्शन कर रहा है, लेकिन जब बात विश्व स्तर पर व्यापार के विस्तार की आती है तो चीन कुछ ख़ास नहीं कर पा रहा है, जो कि आज के संदर्भ में बहुत आवश्यक है। इसके अलावा, गुणवत्ता के मोर्चे पर चीनी उत्पादों की प्रतिष्ठा खराब रही है।

यू.के., यूरोप, जापान और रूस

हालांकि इन देशों में AI की सभी क्षमताएं हैं, लेकिन वे अभी तक इस दौड़ में शीर्ष पर आने के लिए इन क्षमताओं का पूरी तरह से लाभ उठाने में सक्षम नहीं हैं। उनके पास बहुत उपयोग करने योग्य डेटा है, लेकिन इस डाटा के ऊपर बहुत सारे प्रतिबंध हैं। इसीलिए AI कंपनियां इसका पूरा उपयोग नहीं कर पा रही हैं। इसके अलावा, कुछ बेहतरीन AI शोधकर्ता और AI पेशेवरों के होने के बावजूद इन देशों के पास AI क्षेत्र में दृढ़ और मेहनती उद्यमी नहीं हैं। ब्रिटेन और यूरोप में वेंचर कैपिटलिस्ट इकोसिस्टम उतना मजबूत और

परिपक्व नहीं है। इसलिए यूरोपियन संघ और उसके सदस्य देशों की सरकारों को दौड़ में आगे रहने के लिए बहुत काम करने की जरूरत है। इसी तरह जापान और रूस में भी काफी संभावनाएं हैं लेकिन उन्हें आक्रामक निष्पादन की आवश्यकता है। निश्चित रूप से ये देश मजबूत दावेदार हैं बशर्ते कि वे उपरोक्त पहलुओं पर काम करें।

भारत

भारत में IT पेशेवरों की काफी बड़ी संख्या है जो अत्यधिक कुशल से मध्यम कुशल हैं और पहले से ही विभिन्न शीर्ष स्तर की वैश्विक कंपनियों में काम कर रहे हैं और वैश्विक उत्पादों को विकसित करने या वैश्विक संचालन के प्रबंधन में महत्वपूर्ण भूमिका निभा रहे हैं। वे इस तरह के उत्पादों को समझते हैं, उनके पास व्यापार मॉडल की उचित समझ है और उनमें से कई पहले से ही भारत में स्टार्टअप की दुनिया में कूद चुके हैं और अपने स्वयं के उत्पादों का निर्माण कर रहे हैं। इनमें से अधिकांश स्टार्टअप बैंकिंग और वित्त, स्वास्थ्य सेवा, विनिर्माण, खुदरा इत्यादि स्थापित क्षेत्रों से लेकर कृषि, मत्स्य पालन, समुद्री संसाधनों, जल प्रबंधन, वैकल्पिक दवाओं, आयुर्वेद, सुरक्षा और महिला सशक्तिकरण जैसे असामान्य क्षेत्रों में AI उत्पाद विकसित करने का काम कर रहे हैं।

भारत में AI क्रांति वृहद स्तर पर शुरू हो चुकी है और दुनिया आने वाले कुछ वर्षों में इसके वास्तविक परिणाम देखेगी।

"AI-for-All in India" के नारे के साथ, नीति आयोग द्वारा प्रकाशित "आर्टिफिशियल इंटेलिजेंस के लिए राष्ट्रीय रणनीति" एक संपूर्ण योजना और रोडमैप है, जो दर्शाता है कि नीति आयोग और भारत सरकार ने AI को कितनी गंभीरता से लिया है और इसे हमारे देश और इसके नागरिकों के हर पहलू के साथ एकीकृत करने की कोशिश की है। यह एक विकासशील देश का, अपनी महत्वाकांक्षी यात्रा में मुख्य धारा के रूप में प्रौद्योगिकी को एकीकृत करने की महत्वाकांक्षा के लिए, एक महत्वपूर्ण कदम है और हमारा मानना है कि किसी भी देश ने इसके बारे में उस गहन तरीके से नहीं सोचा है।

यह रणनीति स्पष्ट रूप से दिखाती है कि कैसे हमारा आयोग और हमारी सरकार भारतीय परिस्थितियों के लिए उन विशिष्ट क्षेत्रों की पहचान करने में सक्षम हुई है जहां AI एक महत्वपूर्ण भूमिका निभा सकता है और अर्थव्यवस्था और अन्य क्षेत्रों का उत्थान कर सकता है। आयोग ने इस रणनीति को बनाते

समय सरकारी, निजी और सार्वजनिक क्षेत्रों को समान महत्व दिया है; इसलिए आप उस विचार प्रक्रिया, विशेषज्ञता, गंभीरता और मर-मिटने के प्रयासों की गहराई का अंदाजा लगा सकते हैं जिनके द्वारा AI का भारतीयकरण किया गया है।

भारतीय अर्थव्यवस्था को बढ़ावा देने के लिए AI, 1.3 प्रतिशत की अनुमानित अतिरिक्त वार्षिक विकास दर के माध्यम से बहुत बड़ा अवसर लाने जा रहा है और एक दशक में एक ट्रिलियन अमरीकी डालर अतिरिक्त राशि जोड़ना भारतीय अर्थव्यवस्था के लिए बहुत बड़ी सफलता होगी। विशेषज्ञों के अनुसार भारत AI समाधान विकसित करने के लिए विश्व स्तर के उद्यमों और संस्थानों के लिए सही अवसर और संसाधन प्रदान करता है, जिसे बाकी विकासशील और उभरती अर्थव्यवस्थाओं में आसानी से लागू किया जा सकता है और "Solved in India" मिशन, Artificial Intelligence as a Service (AIaaS) की अवधारणा के साथ सही तालमेल में है।

स्वास्थ्य सेवा क्षेत्र में टाटा मेमोरियल हॉस्पिटल ने AI का उपयोग कर Cancer Heat Map पर काम शुरू किया है जिसके द्वारा भारत में कैंसर विकारों को कम किया जा सकता है। Digital Pathology और Imaging Biobank जैसी AI परियोजनाएं, कैंसर रोग की प्रारंभिक चरण में ही सटीक पहचान करने के लिए मदद करेंगीं। भारतीय स्टार्ट-अप Forus Health ने 3nethra पोर्टेबल यंत्र विकसित किया है, जो आँखों की आम समस्याओं के साथ-साथ डायबिटीक रेटिनोपैथी जैसी जटिल स्थितियों की भी जांच कर सकता है। AI का उपयोग कर स्वास्थ्य संबंधी चुनौतियों का समाधान करने के लिए भारत सरकार ने बड़े पैमाने पर कार्य योजनाएं तैयार की हैं जिनमे शामिल हैं, 1.5 लाख स्वास्थ्य और कल्याण केन्द्रों का आमूलचूल परिवर्तन, असंक्रामक रोगों के लिए दीर्घकालिक देखभाल को पूरा करने के लिए जिला अस्पतालों का विकास, आयुष्मान भारत मिशन और ई-हेल्थ को बढ़ावा देना; इन सभी क्षेत्रों में सफलता के लिए AI ने महत्वपूर्ण भूमिका निभानी शुरू कर दी है।

कृषि क्षेत्र में पिछले कुछ वर्षों में, लगभग 50 भारतीय AI प्रौद्योगिकी आधारित स्टार्ट-अप कंपनियों ने 500 मिलियन अमरीकी डालर से अधिक का निवेश जुटाया है। उदाहरणार्थ, भारतीय स्टार्ट-अप कंपनी Intello Labs फसलों की निगरानी करने और खेत की पैदावार की भविष्यवाणी करने के लिए इमेज-रिकग्निशन सॉफ्टवेयर का उपयोग करती है। इसी तरह स्टार्ट-अप कंपनी Aibono फसल की पैदावार को स्थिर करने वाला समाधान प्रदान करने के

लिए कृषि-डेटा विज्ञान और AI का उपयोग करती है। एक अन्य स्टार्टअप कंपनी TRITHI Robotics किसानों को वास्तविक समय में फसलों की निगरानी करने और मिट्टी का सटीक विश्लेषण करने के लिए ड्रोन तकनीक का उपयोग करती है।

इसके अलावा विभिन्न AI आधारित समाधान जैसे फसल स्वास्थ्य निगरानी, किसानों को वास्तविक समय पर उचित कार्रवाई हेतु सलाह प्रदान करना और दूरस्थ और स्थानीय आंकड़ों के साथ इमेज क्लासिफिकेशन यंत्रों का उपयोग आदि, भारतीय कृषि क्षेत्र में कृषि मशीनरी के उपयोग और दक्षता में क्रांतिकारी बदलाव ला रहे हैं। भारत में कई राज्यों में मिट्टी की देखभाल, फसलों की बुवाई, हर्बीसाइड ऑप्टिमाइज़ेशन और सटीक खेती के लिए AI आधारित ऐप्स का उपयोग शुरू हो चुका है।

शिक्षा क्षेत्र में, केंद्र और राज्य सरकारों के साथ-साथ भारतीय स्टार्टअप कंपनियों ने AI आधारित अनुकूलित शिक्षण और इंटेलिजेंट/इंटर-एक्टिव शैक्षणिक तरीकों का उपयोग कर ग्रामीण और अन्य शिक्षा प्रणालियों में क्रांति ला दी है। उदाहरणार्थ, आंध्र प्रदेश सरकार AI का उपयोग कर स्कूल छोड़ने वालों की भविष्यवाणी कर रही है और इसे कम करने के उपाय कर रही है। राज्य सरकारों और अन्य शैक्षिक निकायों द्वारा भाविष्यिक मांग के आधार पर शिक्षकों की युक्तिसंगत तैनाती और ज्ञान और कौशल अंतराल की पहचान और पूर्ति के लिए अनुकूलित व्यावसायिक पाठ्यक्रमों के विकास के लिए AI आधारित समाधानों का उपयोग किया जा रहा है।

स्मार्ट सिटीज और स्मार्ट लिविंग के क्षेत्र में भारी मात्रा में निवेश शुरू हुआ है जिसके माध्यम से स्मार्ट पार्क, स्मार्ट होम और सार्वजनिक सुविधाओं का निर्माण, भीड़ प्रबंधन, इंटेलिजेंट सेफ्टी सिस्टम, साइबर हमलों की रोकथाम और AI संचालित सेवा वितरण (जैसे कि नागरिक डेटा के आधार पर भाविष्यिक सेवा वितरण, भाविष्यिक मांग और रुझान विश्लेषण के आधार पर प्रशासनिक कर्मियों की युक्तिसंगत तैनाती, और चैट-बॉट और स्मार्ट असिस्टेंट्स के माध्यम से AI आधारित शिकायत निवारण) के लिए आर्टिफिशियल इंटेलिजेंस का भरपूर उपयोग शुरू हो चुका है।

परिवहन और यातायात से जुड़े मुद्दों और विशेष रूप से इन क्षेत्रों में रोजमर्रा की चुनौतियाँ के समाधान के लिए भारत सरकार आर्टिफिशियल इंटेलिजेंस के कार्यान्वयन पर बहुत ध्यान दे रही है। ऐसी कुछ चुनौतियाँ हैं, सार्वजनिक

परिवहन आधारभूत संरचना का अभाव, भारी भीड़ और सड़क दुर्घटनाएँ, यातायात के कारण होने वाली मौतें आदि। इन चुनौतीपूर्ण क्षेत्रों की समस्याओं को हल करने के लिए AI आधारित तकनीकों जैसे असिस्टेड व्हीकल, ग्रीनफील्ड इन्फ्रास्ट्रक्चर, ऑटोनॉमस ट्रकिंग, इंटेलिजेंट ट्रांसपोर्टेशन सिस्टम, ट्रैवल रूट एंड फ्लो ऑप्टिमाइजेशन और कम्युनिटी बेस्ड पार्किंग का इस्तेमाल किया जाएगा।

लेकिन वो सबसे महत्वपूर्ण क्षेत्र जो भारत को AI की दौड़ में सबसे आगे ले जाएंगे, वे हैं National AI Marketplace (NAIM) और Data Marketplace । इन दोनों क्षेत्रों पर कुछ प्रारंभिक प्रयास शुरू हो चुके हैं, लेकिन जिस दिन ये दोनों क्षेत्र अच्छी स्थिति में आ जायेंगे, उस दिन भारत को AI महाशक्तियों की सूची में शीर्ष पर आने से कोई भी नहीं रोक पायेगा।

तकनीकी दिग्गजों और प्रमुख तकनीकी संस्थानों के साथ मिलकर और भारत सरकार के सहयोग से भारतीय स्टार्टअप कंपनियों द्वारा AI क्षेत्र में किए गए innovations को हालाँकि वैश्विक मीडिया ने ज्यादा प्रचारित नहीं किया है, लेकिन विश्वास कीजिये, भारत में आर्टिफिशियल इंटेलिजेंस के माध्यम से कई शानदार चीजें होने लगी हैं और पूरी दुनिया इसके परिणाम आने वाले कुछ वर्षों में देखेगी।

देर से ही सही, भारतीय युवा पीढ़ी की उद्यमी मानसिकता नित नयी ऊंचाइयों को छूने निकल पड़ी है। हमारी नई पीढ़ी की जोखिम उठाने की क्षमता, कुछ नया करने की इच्छा, देश और देशवासियों के लिए कुछ करने का जज्बा और दुनिया को यह दिखाने की मनोदृष्टि कि "भारत में भी यह सब कुछ हो सकता है", ये सब भारत में तकनीकी क्रांति के उत्प्रेरक बन रहे हैं।

भारत में IT पेशेवर विशाल संख्या में है, जो बीसवीं सदी के आठवें दशक की तत्कालीन कंप्यूटिंग प्रणालियों से लेकर इक्कीसवीं सदी के दूसरे दशक की नवीनतम प्रणालियों तक की IT यात्रा के सहचर हैं। उनमें से कई डेटा वैज्ञानिक और AI इंजीनियर हैं और बचे हुए पेशेवरों का एक बड़ा समूह खुद को डेटा विज्ञान में परिपक्व बनाने में लगा हुआ है। किसी भी अन्य देश की तुलना में भारत में अधिक से अधिक डेटा वैज्ञानिकों का उत्पादन करना बहुत आसान है क्योंकि हमारे इंजीनियर पहले से ही IT वातावरण में विकसित हो चुके हैं, इसलिए उन्हें सक्षम डेटा वैज्ञानिकों में बदलना केवल कुछ महीनों की बात है। दूसरी बात यह है कि कोई भी तकनीकी AI प्रशिक्षण भारत में बहुत सस्ता और

आसानी से उपलब्ध है। हमारे पास अपने युवा उद्यमियों और महत्वाकांक्षी AI पेशेवरों को उचित सलाह देने के लिए कई फोरम हैं। हमारे कई प्रमुख शैक्षणिक संस्थान डेटा विज्ञान और AI में नवीनतम पाठ्यक्रम प्रदान करते हैं। इसलिए भारत में AI के लिए दुनिया के किसी भी अन्य देश की तुलना में बेहतर फलने-फूलने के लिए एक अनुकूल वातावरण है। भारत पहले से ही एक IT महाशक्ति है और इसमें AI महाशक्तियों की दौड़ में अव्वल आने की जबरदस्त क्षमता है।

अध्याय 2

AI - NextGen Banking का मूल आधार

आज हम AI और FinTech के स्वर्णिम युग में जी रहे हैं। बीते एक दशक में, दुनिया ने Digitization, Data Science और FinTech क्षेत्रों में गगनचुम्बी तकनीकी प्रगति हासिल की है। तेज कंप्यूटिंग गति और सर्वसुलभ असीमित डेटा के कम खर्चीले स्टोरेज के आगमन के साथ, आर्टिफिशियल इंटेलिजेंस ने हमारे दैनिक जीवन में अति-महत्वपूर्ण स्थान बना लिया है। जहाँ हर क्षेत्र में चीजें तेजी से बदल रही हैं, बैंकिंग और वित्त क्षेत्र भी कॉग्निटिव टेक्नोलॉजी की विशाल शक्ति और क्षमता से लैस होकर एक सकारात्मक और व्यापक तकनीकी परिवर्तन के दौर से गुजर रहा है। AI और मशीन लर्निंग द्वारा संचालित टेक्नोलॉजी ने हमारे आधुनिक रहन-सहन के मूलभूत ढाँचे में और खास तौर से BFSI क्षेत्र की नींव में गहराई से पैठ बना ली है।

आने वाले कुछ ही वर्षों में AI टेक्नोलॉजी उन उपभोक्ताओं की सेवा करने वाले हर एक व्यवसाय के लिए अपरिहार्य हो जाएगी जो जीवन के सभी पहलुओं के लिए डिजिटल सेवाएं प्राप्त करना चाहते हैं। अन्य क्षेत्रों की तरह, BFSI क्षेत्र भी इस टेक्नोलॉजी को अपनाने में लगा है। वित्तीय क्षेत्र में निरंतर बढ़ती प्रतिस्पर्धा और लागत के दबाव के साथ, बैंकों और अन्य वित्तीय संस्थानों को इस कड़ी प्रतिस्पर्धा में आगे बने रहने के लिए तकनीकी विकास और Innovation पर

निरंतर ध्यान देने के अलावा कोई अन्य विकल्प नहीं बचा है और यही वह जगह है जहां AI टेक्नोलॉजी उद्धारकर्ता की भूमिका निभा सकती है। हालिया बाजार अनुसंधान के अनुसार, बैंकिंग और वित्तीय सेवा उद्योग AI में प्रमुख निवेशकों में से एक है और आने वाले वर्षों में इस निवेश की विकास दर में भारी तेजी आने की उम्मीद है।

जहां एक ओर, AI ने पहले ही तेज गति पकड़ रखी है और BFSI क्षेत्र में अपनी क्षमता साबित कर दी है; दूसरी ओर, इंटरनेट और मीडिया पर हर दूसरे दिन BFSI क्षेत्र में AI के नए नए उपयोग प्रकाशित हो रहे हैं जिनके कार्यान्वयन से आशाजनक परिणाम मिलने का दावा किया जा रहा है।

विभिन्न वित्तीय उद्यमों की ग्राहक सेवाओं में डिजिटल क्रांति आने के साथ ही वित्तीय अपराध और धोखाधड़ी के नित नए तरीके भी लगातार बढ़ते जा रहे हैं। इस तरह की घटनाओं को समय पर कुशलतापूर्ण और कम खर्चीले तरीकों से रोकने के लिए और वित्तीय नुकसान के जोखिम को कम से कम करने के लिए, स्वचालित तरीकों से वित्तीय अपराधों का समय पर पता लगा पाना अत्यधिक महत्वपूर्ण हो जाता है। इस क्षेत्र में AI आधारित वे तरीके अति प्रभावी साबित हुए हैं जिनके द्वारा और मशीन लर्निंग आधारित अल्गोरिथम का उपयोग करके ऐसी बड़ी राशि की धोखाधड़ियों का पता लगाया जा सकता है जो क्रेडिट कार्ड सम्बन्धी ट्रांसेक्शन्स में हो सकती हैं। साथ ही, वे AI क्षमताएं भी बहुत लोकप्रिय हो रही हैं, जो कि मनी लॉन्ड्रिंग और आतंकवादी फंडिंग के जरिये वैध वित्तीय प्रणालियों में प्रवेश करने वाले नाजायज धन के स्रोतों और ठिकानों की पहचान करने के लिए उपयोग की जाती हैं। क्रेडिट कार्ड धोखाधड़ी का खुद-ब-खुद पता लगाने की तकनीक, मशीन लर्निंग और डीप लर्निंग मॉडल का एक उत्कृष्ट उदहारण है जो बेहतर सटीकता के साथ उपयोग किया जाता है।

धोखाधड़ी का पता लगाने और इसे रोकने के पारंपरिक रूल-बेस्ड प्रोग्रामिंग अब अप्रभावी होती जा रही है क्योंकि धोखाधड़ी के लगातार नए तरीके विकसित होते जा रहे हैं और इन नए तरीकों का पता लगाने के लिए पुराने प्रोग्राम्ड रूल्स काम नहीं आ सकते। मशीन लर्निंग खुद से सीखने और खुद को बदलने का तरीका है जहां पहले से कोई रूल परिभाषित नहीं होता है; सिस्टम्स इस तरीके का उपयोग कर पिछले उदाहरणों और सबूतों से सीखते हैं और आसानी से सामान्य और असामान्य लेनदेन के बीच अंतर कर सकते हैं। कई मामलों में, एक व्यापक समाधान बनाने के लिए रूल-बेस्ड प्रोग्रामिंग और मशीन लर्निंग का सम्मिश्रण भी अपनाया जाता है।

हालाँकि वित्तीय अपराधों की प्रकृति और पेचीदगियों में बहुत विविधता आ रही है, लेकिन ऐसे सभी अपराधों का पता लगाने के लिए मशीन लर्निंग आधारित सोल्यूशन्स का निर्माण करना एकमात्र ऐसा हल है जो न केवल वर्तमान समस्याओं का समाधान करेगा, बल्कि भविष्य की उन संभावनाओं से भी निपटेगा जब अपराध की तकनीक और अधिक परिष्कृत हो चुकी होंगीं।

ऐसे Smart Text और Speech Analytics Solutions का उपयोग BFSI क्षेत्र में तेजी से बढ़ रहा है, खासकर ईमेल हेल्पडेस्क विभाग में, जो Natural Language Processing और मशीन लर्निंग तकनीकों का उपयोग करके विभिन्न श्रेणियों के ग्राहक ई-मेल्स की स्वचालित रूप से पहचान करते हैं (उदाहरण के लिए शिकायती ई-मेल, फॉलोअप ई-मेल, या सूचना मांगने वाले ई-मेल) और उन्हें स्पष्ट रूप से पहचान की गई श्रेणियों के साथ डैशबोर्ड के रूप में प्रस्तुत करते हैं। इसी प्रकार, Natural Language Processing और डीप लर्निंग का उपयोग करते हुए Speech Analytics & Processing Solutions का उपयोग कस्टमर केयर एजेंट्स की ग्राहकों से बातचीत की गुणवत्ता की निगरानी और सुधार के लिए तेजी से किया जा रहा है, साथ ही ग्राहकों के साथ लाइव बातचीत के दौरान एजेंट्स को लाइव सहायता और मार्गदर्शन के लिए भी इन तकनीकों का उपयोग किया जा रहा है।

Text Processing और Natural Language Generation (NLG) टूल्स और अन्य एनालिटिक्स और रिपोर्टिंग टूल्स के उपयोगों में ऐसे विभिन्न प्रकार के स्टेटमेंट्स और रिपोर्ट्स (जैसे कि बैंकिंग स्टेटमेंट, क्रेडिट कार्ड स्टेटमेंट, वित्तीय रिपोर्ट प्रकाशन और अन्य ऐसी रिपोर्टिंग गतिविधियाँ जो बैंक और वित्तीय संस्थानों के विभिन्न विभाग दैनंदिन बनाते हैं) बनाना भी शामिल हैं।

इसी तरह, बैंकों व अन्य डॉक्यूमेंट-आधारित उद्यमों में कॉग्निटिव टेक्नोलॉजीज का उपयोग करके अव्यवस्थित डॉक्यूमेंट प्रोसेसिंग प्रक्रिया को स्वचालित करने की बहुत बड़ी सम्भावना है। हालाँकि इस क्षेत्र में कई उत्पाद उपलब्ध हैं, लेकिन उनमें से कोई भी सार्वभौमिक और सामान्य नहीं है जो विभिन्न प्रकार के डॉक्यूमेंट्स में शामिल सभी प्रकार की जटिलताओं से निपटने के लिए पर्याप्त हों। किसी भी वित्तीय संसथान की लोन प्रोसेसिंग इकाई या बीमा दावा निपटान विभाग को इस तरह के समाधान से न केवल न केवल लागत-बचत की दृष्टि से, बल्कि प्रोसेसिंग में दक्षता लाने और टर्नअराउंड समय को कम करने की दिशा में भी बेहद लाभ हो सकता है।

सोशल मीडिया और अन्य डिजिटल चैनलों के माध्यम से चैटबॉट और वर्चुअल असिस्टेंट द्वारा ग्राहकों को बैंकिंग और अन्य वित्तीय सेवाएं प्रदान करना बैंकिंग और वित्त उद्योग में एक आवश्यकता बन गई है। यह अनुमान लगाया जा रहा है कि Conversational Banking अन्य सभी बैंकिंग चैनल्स को दरकिनार कर देगी और ग्राहक अपनी पसंद के विविध डिजिटल चैनल्स पर एक जैसे बैंकिंग अनुभव का आनंद ले सकेंगें।

Advanced Analytics और Predictions के बैंकिंग और वित्तीय क्षेत्र में कई उपयोग हैं। सोशल मीडिया एनालिटिक्स द्वारा किसी भी उत्पाद या सेवा के वास्तविक लॉन्च से पहले यह परखा जा सकता है कि ग्राहकों द्वारा उसे कितना स्वीकार किया जाएगा। ग्राहक वर्गीकरण के द्वारा सही समय पर सही उत्पाद की सिफारिश के लिए अतिकुशल टार्गेटेड मार्केटिंग अभियान चलाये जा सकते हैं। ग्राहक जीवनचक्र विश्लेषण के द्वारा ऐसे predictions किये जा सकते हैं जो महत्वपूर्ण ग्राहकों के साथ संबंधों को सुधारने और बनाए रखने के लिए उपयोगी हों। यह सारे उपयोग, ग्राहकों को अपने साथ बनाए रखने और प्रतिस्पर्धात्मक बढ़त हासिल करने की रणनीति बनाने में बैंकों की मदद करते हैं।

Smart KYC और ग्राहक की 360डिग्री प्रोफ़ाइल बनाने के क्षेत्र में विभिन्न कोग्निटिव सोल्यूशन्स उपलब्ध हैं, लेकिन इस क्षेत्र के सोल्यूशन्स प्रोवाइडर्स के लिए यह प्रतिस्पर्धा बहुत कठिन है और केवल वे ही उत्पाद या समाधान बाजार में जीवित रह पाएंगे जो अत्याधुनिक हों और आउट-ऑफ़-द-बॉक्स समाधान दे पाएं।

इसी तरह, किसी भी वित्तीय लेनदेन के लिए उपयोगकर्ताओं को authenticate करने के लिए AI आधारित Authentication Systems यथा Multi-factored Voice identification और Face Recognition सबसे मजबूत साधनों में से एक होगा। हालांकि कुछ देशों में इस तरह के कार्यान्वयन के लिए नियामक चुनौतियां हैं, लेकिन निकट भविष्य में यह एक वास्तविकता में बदलने वाला है।

AI, पेमेंट इकोसिस्टम को बदलने में भी अपना योगदान कर रहा है और जल्द ही खुद एक पेमेंट चैनल के रूप में कार्य करेगा। इंटेलीजेंट पेमेंट तरीकों को डिजिटल कस्टमर जर्नी में मिश्रित किया जाएगा जिससे भुगतान और लेन-देन के तरीकों में आमूलचूल परिवर्तन आ जाएगा। इसी तरह कोग्निटिव टेक्नोलॉजीज, सीमा-पार लेन-देन को सुचारू और प्रभावी बनाने में महत्वपूर्ण भूमिका निभाएंगी।

पिछले कुछ समय में, Intelligent Identity Management Solutions और Smart Security Monitoring Solutions ने काफी लोकप्रियता हासिल की है। इनमें से अधिकांश सोल्यूशन्स, कंप्यूटर विज़न और स्पीच-आधारित तकनीकों पर आधारित हैं। ये तकनीकें सतर्क कैमरों और सेंसर्स का इस्तेमाल करती है जिनके द्वारा अनधिकृत घुसपैठ, हथियार लैस अपराधियों तथा ए.टी.एम., बैंक शाखाओं और लॉकरों के भीतर हिंसक गतिविधियों का पता लगाया जा सकता है। इस तरह के AI आधारित सोल्यूशन्स रीयल-टाइम अलर्ट और नोटिफिकेशन भेज सकते हैं जिसके द्वारा किसी भी अप्रिय घटना को रोका जा सकता है। ATM पर होने वाली धोखाधड़ी या इसी प्रकार की अन्य परिस्थितियों का पता लगाने के लिए फेस स्ट्रेस एनालिसिस तकनीक विभिन्न देशों के बैंकों में तेजी से लोकप्रियता हासिल कर रही है।

अध्याय 3

आपकी AI यात्रा में AI Framework कैसे आमूलचूल परिवर्तन ला सकता है?

अधिकांश संगठन काफी पहले से ही AI यात्रा में शामिल कर चुके हैं, बचे हुए संगठन या तो AI के उपयोग की शैशवावस्था में हैं या फिर शुरूआती दौर में हैं। AI यात्रा में कदम रखते समय जो आम चुनौतियाँ होती हैं, वे कमोबेश सभी तरह के संगठनों के लिए समान होती हैं, इसलिए इन चुनौतियों पर काबू पाने के उपाय भी कुछ हद तक समान होते हैं। हम इस लेख में इन चुनौतियों पर चर्चा नहीं करेंगे; इसके बजाय हम विवेचना करेंगे कि AI फ्रेमवर्क (जिसे AI प्लेटफॉर्म भी कह सकते हैं) कैसे इन चुनौतियों में से अधिकांश को दूर करने में मदद कर सकता है। फ्रेमवर्क शब्द थोड़ा भारी भरकम लग सकता है, लेकिन वास्तव में AI फ्रेमवर्क केवल कुछ AI घटकों, AI क्षमताओं और AI लाइब्रेरीज का एकीकृत स्वरुप ही है। AI ऍप्लिकेशन्स बनाते समय AI Framework का उपयोग फ्लेक्सिबिलिटी (लचीलेपन) और अजिलिटी (चपलता) जैसे लाभों द्वारा एक बड़ा अंतर पैदा करता है।

AI फ्रेमवर्क की जरूरत क्यों है?

AI एक निरंतर विकासशील क्षेत्र है। अधिकांश AI क्षमतायें अभी भी परिपक्व हो रही हैं, और आप महसूस करेंगे कि अधिकांश AI आधारित समाधान विकसित

करते समय प्रयोग या अनुसन्धान करना अपरिहार्य है। इसके अलावा, यदि आप अपनी ऍप्लिकेशन्स के निर्माण के लिए बाहरी सेवा प्रदाताओं की AI क्षमताओं का लाभ ले रहे हैं, तो आपको सर्वोत्तम परिणाम पाने के लिए विभिन्न सेवा प्रदाताओं की विभिन्न AI क्षमताओं के साथ प्रयोग करने का लचीलापन भी मिलेगा। दूसरे, एक फ्रेमवर्क तेजी से एप्लीकेशन डेवलपमेंट को बढ़ावा देता है क्योंकि डेवलपर्स एप्लीकेशन के उपयोग पर ध्यान केंद्रित कर सकते हैं तथा उन्हें हर बार शून्य से शुरू करने की जरूरत नहीं रहती है; फलस्वरूप समय और प्रयास दोनों बचते हैं। और सबसे महत्वपूर्ण बात यह है कि एक फ्रेमवर्क हमेशा Proof of Concept (PoC) के लिए अनुकूल होता है; फ्रेमवर्क का उपयोग कर Proof of Concept बड़ी आसानी और काफी कम समय में विकसित किया जा सकता है और विश्वास निर्माण और आगे बढ़ने के निर्णय के लिए सम्बंधित हितधारकों को दिखाया जा सकता है। इसके अलावा, फ्रेमवर्क वैकल्पिक दृष्टिकोणों के तेज गति से परीक्षण करने की और असफलता की पहचान जल्द से जल्द कर पाने की शक्ति प्रदान करता है।

मुख्यत:, एक AI फ्रेमवर्क में पांच परतें होती हैं। शुरुआती परत, डेटा इंटीग्रेशन परत के नाम से जानी जाती है। AI ऍप्लिकेशन्स को आपकी एंटरप्राइज़ ऍप्लिकेशंन्स के इनपुट डेटा स्रोतों के साथ इंटीग्रेट (एकीकृत) करने की आवश्यकता होती है। इसलिए यह आवश्यक है कि आपके AI फ्रेमवर्क में विभिन्न प्रकार के डेटा स्रोतों के साथ एकीकृत करने की क्षमता होनी चाहिए या फिर इसमें सहजता से डेटा एक्सचेंज करने के लिए डेटा प्लेटफ़ॉर्म से सीधे संवाद कर पाने की क्षमता होनी चाहिए। यह डेटा प्लेटफ़ॉर्म एक Big Data प्लेटफ़ॉर्म या Data Lake हो सकता है, जो आजकल उद्यमों में व्यापक रूप से उपयोग किया जाता है। यदि आपके पास ऐसा डेटा प्लेटफ़ॉर्म हो जो डेटा को उस स्वरूप में प्रोसेस कर सके जिसे AI ऍप्लिकेशन्स सीधे उपयोग कर सके तो इससे अच्छा और कुछ नहीं हो सकता। लेकिन ज्यादातर मामलों में आप इतने भाग्यशाली नहीं होते हैं और आपको AI फ्रेमवर्क के भीतर रहकर अपने डेटा को AI injectable format में बदलने के लिए कठिन प्रयास करने पड़ते हैं। आज बाजार में कुछ डेटा प्लेटफार्म उपलब्ध हैं; ये प्लेटफार्म मशीन लर्निंग और अन्य डेटा प्रोसेसिंग तकनीकों का उपयोग करके एक एब्स्ट्रैक्ट लेयर पर डेटा उपलब्ध करा सकते हैं जिसे मशीन लर्निंग एल्गोरिदम और AI एप्लिकेशंस सीधे इनपुट के रूप में इस्तेमाल कर सकते हैं।

AI फ्रेमवर्क के core में AI इकोसिस्टम होता है जिसमें AI, मशीन लर्निंग और नेचुरल लैंग्वेज प्रोसेसिंग क्षमताएं (जिन्हें AI assets भी कहते हैं) निवास करती

हैं और आपके पास अपने AI ऍप्लिकेशन्स और, मशीन लर्निंग ऍप्लिकेशन्स के निर्माण के लिए सर्वोत्तम क्षमताओं को चुनने के विकल्प होते हैं। ये AI क्षमताएं बहुमुखी (कॉग्निटिव टेक्स्ट प्रोसेसिंग, स्पीच प्रोसेसिंग, कंप्यूटर विज़न, कॉग्निटिव सर्च, एडवांस्ड एनालिटिक्स सर्विसेज, मशीन लर्निंग क्षमता आदि) हो सकती हैं । AI इकोसिस्टम एनएलपी इंजन और क्षमताओं या कॉग्निटिव OCRs और ऑटोमेशन क्षमताओं RPA/iRPA से मिलकर बना हो सकता है। ये AI क्षमताएं या AI असेट्स बाहरी सेवा प्रदाताओं के साथ-साथ संगठन के अंदर ही विकसित क्षमताओं में से भी हो सकती हैं, जिनसे मिलकर फ्रेमवर्क का core बनता है।

कोर AI और मशीन लर्निंग assets के इर्दगिर्द आप कस्टम क्षमताओं का निर्माण कर सकते हैं जो या तो केवल एक डोमेन से सम्बद्ध हो सकती हैं या उपयोगों के एक समूह से सम्बद्ध हो सकती हैं। मूलभूत AI सेवाओं से एक स्तर ऊपर की AI क्षमताएं और घटक, एल्गोरिथ्म स्तर या एसेट लाइब्रेरी स्तर के डेवलपमेंट के बजाय, फ्रेमवर्क के घटकों को जोड़कर तेजी से ऍप्लिकेशन्स के डेवलपमेंट में मदद करते हैं। इस तरह के उदाहरणों में शामिल हैं कोग्निटिव नॉलेजबेस सर्च इंजन, किसी विशिष्ट उपयोग के लिए बनाये गए एनएलपी प्रोसेसिंग इंजन, एनालिटिक्स इंजन, फजी लॉजिक्स पर आधारित कंपोनेंट्स और मशीन लर्निंग कस्टम क्लासीफायर्स ।

इसके अलावा, AI फ्रेमवर्क उन होस्टिंग ऍप्लिकेशन्स या चैनल्स से जुड़ पाने में भी सक्षम होना चाहिए जिनका उपयोग आप अपनी AI ऍप्लिकेशन्स को होस्ट करने के लिए करते हैं। ये होस्टिंग एप्लिकेशन या चैनल आपकी एंटरप्राइज़ एप्लिकेशन या मोबाइल ऍप हो सकती है या सोशल मीडिया चैनल (जैसे कि फेसबुक, व्हाट्सएप, स्काइप या ईमेल सिस्टम) हो सकते हैं। होस्टिंग चैनल वर्चुअल असिस्टेंट भी हो सकते हैं जैसे कि Alexa, Google Assistant, Siri, Cortana या आपके पार्टनर इकोसिस्टम में विध्यमान अन्य वॉयस-इनेबल्ड डिवाइस या एप्लिकेशन आदि। इस प्रकार यह परत विभिन्न होस्टिंग चैनल्स के साथ आपके AI सोल्यूशन्स को जोड़ने के लिए विभिन्न प्रकार के कनेक्टर्स के साथ एक मिडलवेयर (मध्यस्थ) के रूप में कार्य करती है।

AI फ्रेमवर्क में फ्रेमवर्क मैनेजमेंट लेयर (परत) का होना भी आवश्यक है, जिसके द्वारा सेटअप, कॉन्फ़िगरेशन, विभिन्न सेवाओं की मॉनिटरिंग (निगरानी) और रिपोर्टिंग जैसी विशेषताओं को एक सूत्र में पिरोया जा सकता है। यह परत अनिवार्य रूप से आपके AI फ्रेमवर्क का आधार बन जाएगी और फ्रेमवर्क पर

चल रही विभिन्न AI ऍप्लिकेशन्स की विभिन्न सेवाओं को सहायता प्रदान करने के लिए जिम्मेदार होगी। कई मामलों में इस परत द्वारा इंफ्रास्ट्रक्चर-संबंधी चीज़ों को भी configure और control किया जा सकता है। चूंकि सुरक्षा किसी भी फ्रेमवर्क के प्रमुख तत्वों में से एक है, इसलिए स्थायी AI फ्रेमवर्क को डिजाइन करते समय इसे ध्यान में रखा जाना चाहिए। सुरक्षा सुविधाओं का विस्तार आपके डेटा की सुरक्षा से लेकर AI ऍप्लिकेशन्स की सुरक्षा और इंटीग्रेशन पॉइंट्स व इंटरफेस की सुरक्षा तक हो सकता है और इन सभी का कॉन्फ़िगरेशन और मैनेजमेंट फ्रेमवर्क स्तर पर मैनेजमेंट मॉड्यूल द्वारा किया जा सकता है।

अगले उच्च स्तर पर, जैसे जैसे आपका AI फ्रेमवर्क परिपक्व होता जाता है, आपको templatized उपयोगों और समाधानों के फ्रेमवर्क के तहत निर्माण के बारे में या समाधानों के निर्माण के लिए कस्टम विज़ार्ड्स का उपयोग करने के बारे में भी सोचना चाहिए। इस सबसे ऊपरी परत में विभिन्न टेम्प्लेट ऍप्लिकेशन्स होनीं चाहिए जिन्हे आपकी वर्कबेंच में drag and drop किया जा सके और इस तरह के drag and drop से न्यूनतम विशेषताओं और एल्गोरिदम के साथ आपकी ऍप्लिकेशन्स तैयार हो सके। उदाहरण के लिए, यदि आप किसी प्रकार के Recommendation (अनुशंसा) इंजन का निर्माण करना चाहते हैं, या क्रेडिट जोखिम मूल्यांकन के लिए समाधान बनाना चाहते हैं या फिर एक चैटबॉट विकसित करना चाहते हैं, तो आपको सिर्फ अपने Template Recommendation Engine या चैटबॉट को Workbench में drag and drop करना होगा और आपका Recommendation Engine या चैटबॉट न्यूनतम सुविधाओं के साथ तैयार हो जाएगा। इस प्रक्रिया में, उपयोग के लिए आवश्यक न्यूनतम एल्गोरिदम, इनपुट डेटा स्रोतों के साथ इंटरफेस करने और होस्टिंग चैनल्स के साथ जुड़ने के लिए तैयार होगा।

इस तरह से, प्रत्येक एप्लीकेशन के निर्माण के लिए जो जमीनी कार्य और मेहनतकशी हम करते हैं वह अब केवल एक क्लिक दूर है। यह उस समय और प्रयास को 60 प्रतिशत तक कम कर सकता है जो हमने किसी भी एप्लिकेशन के ढांचे को बनाने के लिए खर्च करने वाले थे। एक बार जब यह प्रक्रिया आपके AI फ्रेमवर्क के साथ ऑटोमेट हो जाता है तो आपका डेवलपर बाकी चीजों पर ध्यान केंद्रित कर सकता है, जैसे कि एप्लीकेशन में अधिक सुविधाएँ जोड़ना, बेहतर परिशुद्धता के लिए फाइन-ट्यूनिंग और ऑप्टिमाइजेशन, जो कि किसी भी उद्यम में ऑटोमेशन के दायरे से परे हैं।

AI फ्रेमवर्क के अन्य आवश्यक तत्व हैं डोमेन शब्दावली (मेटाडेटा) और फीडबैक लर्निंग प्रोसेस। चूँकि मशीन लर्निंग एल्गोरिदम को बेहतर प्रदर्शन करने के लिए डोमेन-विशिष्ट जानकारी की आवश्यकता होती है, इसलिए डोमेन शब्दावली बनाए रखना वांछनीय है। किसी भी AI एप्लिकेशन के कुछ विशेष परिदृश्यों में विफल होने पर ऐसे परिदृश्यों को एक exception queue (अपवाद कतार) में डालकर मानवीय हस्तक्षेप के द्वारा निपटाया जाता है, हालांकि आजकल इस तरह के कुछ परिदृश्यों का निपटारा ऑटोमेशन द्वारा संभव है। किसी भी स्थिति में, आपकी AI ऐप्लिकेशन्स में AI फ्रेमवर्क के माध्यम से फीडबैक लर्निंग प्रोसेस की प्रक्रिया को एकीकृत करना गुजरते समय के साथ आपके AI अनुप्रयोगों की परिशुद्धता को बढ़ाएगा और इस तरह से आप उन विशेष परिदृश्यों को काफी कम कर पाएंगें।

AI फ्रेमवर्क का उपयोग करने का एक और लाभ यह है कि यह आपके AI परिदृश्य में AI ऐप्लिकेशन्स के मानकीकरण और एकत्रीकरण में भी मदद करता है, यह लाभ तक अति-महत्वपूर्ण हो जाता है जब आपके संगठन में AI ऐप्लिकेशन्स की संख्या बढ़ती है।

अपने AI फ्रेमवर्क को इस स्तर तक लाने में थोड़ा समय लग सकता है, और हो सकता है कि आप इसे अपने प्रबंधन और अन्य हितधारकों के समक्ष उचित न ठहरा पाएं। लेकिन इस दृष्टिकोण की सुंदरता यह है कि आपके AI फ्रेमवर्क का विकास और आपके AI सोलूशन्स का निर्माण समानांतर हो सकता है। इस तरह से, आप अपने कुछ AI सोलूशन्स उस समय ही उपयोगकर्ताओं को प्रदान कर सकते हैं जब आपके AI फ्रेमवर्क का विकास जारी है। एक बार AI फ्रेमवर्क तैयार होने के बाद, यहां तक कि अपने मूलभूत रूप में भी, आपकी विकास क्षमता में भारी सुधार ला सकता है और समय सीमा को काफी हद तक कम कर सकता है। यह वास्तव में आपके AI ऐप्लिकेशन्स डेवलपमेंट जीवनचक्र में अजिलिटी (चपलता) ला सकता है।

अध्याय 4
आर्टिफिशियल न्यूरल नेटवर्क

पिछले कुछ वर्षों में आर्टिफिशियल इंटेलिजेंस का जो व्यापक प्रचार-प्रसार हुआ है, उसका ज्यादातर श्रेय आर्टिफिशियल न्यूरल नेटवर्क के क्षेत्र में हुई प्रगति और विभिन्न क्षेत्रों यथा चिकित्सा और स्वास्थ्य, बैंकिंग और वित्त, मैन्युफैक्चरिंग और रिटेल जैसे बहुत सारे क्षेत्रों में इसके सफल कार्यान्वयन को जाता है। यद्यपि आर्टिफिशियल न्यूरल नेटवर्क एक अवधारणा के रूप में नया नहीं है और 70 के दशक से प्रचलित है, लेकिन इसका वास्तविक कार्यान्वयन विभिन्न कारणों से पिछले कुछ वर्षों में ही संभव हो पाया है।

मानव मष्तिष्क और आर्टिफिशियल न्यूरल नेटवर्क (जो कि मानव मस्तिष्क के जैविक न्यूरल स्ट्रक्चर से प्रेरित है) में कई समानताएं हैं। आर्टिफिशियल न्यूरल नेटवर्क ने कई मामलों में अद्त क्षमताओं का प्रदर्शन किया है और मानव दिमाग को भी पीछे छोड़ दिया है, उदाहरणार्थ ImageNet Challenge जहां AI एल्गोरिदम विभिन्न तस्वीरों को इंसानों से बेहतर पहचान सकता है, Google DeepMind's AlphaGo और IBM's Deep Blue जो इंसानों की तुलना में बेहतर गेम खेल सकते हैं, और अन्य न्यूरल नेटवर्क जो एक डॉक्टर से बेहतर कैंसर का पता लगा सकता है। लेकिन आर्टिफिशियल न्यूरल नेटवर्क

की अपनी सीमाएं भी हैं। उन सीमाओं को जानने से पहले, आइए जानते हैं कि मानव मस्तिष्क कैसे काम करता है।

मानव मस्तिष्क के बारे में ऐसी बहुत सी बातें हैं जो हम नहीं जानते हैं, लेकिन निश्चित रूप से कुछ ऐसी चीजें हैं जो हम जानते हैं। मानव मष्तिष्क दुनिया में मौजूद सबसे जटिल और उन्नत जैविक प्रणाली है, जिसके छोटे आकार की तुलना में अपार क्षमताएं विध्यमान हैं। यदि आप मानते हैं कि भगवान इस ब्रह्मांड के निर्माता हैं, तो यह दिमागरूपी यह अंग शायद उनकी रचना का सबसे परिष्कृत हिस्सा है।

नर्वस सिस्टम (तंत्रिका तंत्र) मानव शरीर का केंद्रीय हिस्सा है, जो शरीर के विभिन्न भागों से संकेतों को लाता और पहुंचाता है जो हमारी स्वैच्छिक और अनैच्छिक हलचल के समन्वय में मदद करता है। सेलुलर (कोशिकीय) स्तर पर, तंत्रिका तंत्र में एक विशेष प्रकार का सेल (कोशिका) होता है जिसे **न्यूरॉन** कहा जाता है। मानव मस्तिष्क में लगभग 100 बिलियन न्यूरॉन होते हैं और वे एक तार जैसी संरचना (Synapse) के माध्यम से एक-दूसरे से जुड़े होते हैं। Synapse, विद्त संकेतों को एक न्यूरॉन से दूसरे न्यूरॉन की यात्रा करने के लिए, एक मार्ग की तरह काम करता है।

उपलब्ध जानकारी के अनुसार, प्रोटीन का संश्लेषण मानव के कॉग्निशन का केंद्र माने जाने वाले Soma नामक जैविक न्यूरॉन के nucleus में होता है। न्यूरॉन्स द्वारा उत्सर्जित संकेतों को आंशिक रूप से विद्त और आंशिक रूप से रासायनिक माना जाता है, जो कि Soma Neuron के nucleus में प्रोटीन संश्लेषण का परिणाम है।

मानव न्यूरॉन्स बाहर की दुनिया से हमारी पांच इंद्रियों (कान, आंख, नाक, त्वचा और जीभ) के माध्यम से इनपुट प्राप्त करते हैं। इन अंगों के माध्यम से प्राप्त इनपुट को प्रोसेस करने के लिए न्यूरॉन्स में भेजे जाने से पहले विद्त संकेतों में encode किया जाता है। दिलचस्प है कि जैविक न्यूरॉन्स एक threshold-based सिद्धांत पर काम करते हैं। इसका मतलब यह है कि जब भी रासायनिक संश्लेषण के बाद न्यूरॉन द्वारा प्राप्त इनपुट सिग्नल एक विशेष सीमा को पार करता है, तभी यह सिग्नल को अगले न्यूरॉन तक पहुंचाता है। अगला न्यूरॉन इस संकेत को अपने इनपुट के रूप में लेता है और इसी प्रक्रिया को दोहराता है। यह प्रक्रिया न्यूरॉन्स की लाखों परतों के माध्यम से संसाधित होने वाली जानकारी के निष्कर्ष पर पहुंचने तक जारी रहती है। वाह, क्या यह आश्चर्यजनक नहीं है?

क्या हमने कभी यह महसूस किया है कि इस तरह की जटिल प्रक्रिया हमारे मस्तिष्क के अंदर तब भी होती है, जब हम अपने दैनिक जीवन में सिर्फ बिल्ली और कुत्ते के बीच अंतर करने की कोशिश करते हैं? यह केवल एक उदाहरण है, लेकिन मानव मस्तिष्क की ऐसी अनगिनत सुंदरताएँ हैं और जब आप इसके बारे में अधिक से अधिक पता लगाने की कोशिश करते हैं तो आप चकित रह जाते हैं।

यदि हम इंटरनेट और मानव मस्तिष्क को एक समान मानें और मस्तिष्क में एक न्यूरॉन को इंटरनेट के एक वेब पेज के रूप में मानें तो हम पाएंगें कि किसी भी उम्र में मनुष्य के मस्तिष्क में लगभग 100 बिलियन न्यूरॉन्स होते हैं जबकि इंटरनेट पर इससे 10 गुना अधिक, यानि लगभग 1 ट्रिलियन वेब पेज हैं। बेशक, छोटे से मानव मस्तिष्क की तुलना में इंटरनेट बहुत बड़ी चीज है। लेकिन, यदि कनेक्शन्स की संख्या के संदर्भ में दोनों की जटिलताओं की तुलना करें पाएंगें कि इंटरनेट पर 100 ट्रिलियन हाइपरलिंक्स हैं और एक वयस्क मस्तिष्क में लगभग 300 ट्रिलियन कनेक्शन्स हैं जो कि इंटरनेट से 3 गुना अधिक है।आश्चर्यजनक रूप से, एक बच्चे के मस्तिष्क में पूरे इंटरनेट से 10 गुना कनेक्शंस यानी 1000 ट्रिलियन कनेक्शन्स होते हैं।

वैज्ञानिकों ने यह खुलासा किया है कि शून्य से एक वर्ष के बीच बहुत प्रारंभिक अवस्था में एक बच्चे के मस्तिष्क में लगभग 100 बिलियन न्यूरॉन्स और केवल कुछ मिलियन कनेक्शन्स होते हैं। ये कनेक्शन, मस्तिष्क के विकास चरण के दौरान 6 साल की उम्र तक लगभग एक हज़ार कनेक्शन्स प्रति सेकंड की दर से तेजी से बढ़ते हैं। इस तरह से बच्चा सीखता है और सीखने की यह प्रक्रिया न्यूरॉन्स के बीच अधिक से अधिक कनेक्शन बनाने के माध्यम से होती है।

इसीलिए, जब आप अपने बच्चे को कुछ सिखाते हैं या जब वह कुछ घटनाओं को देखकर नई चीजें सीखता है, तो इस प्रक्रिया में आपके बच्चे के मस्तिष्क में न्यूरॉन्स के बीच लाखों नए कनेक्शन तुरंत स्थापित हो जाते हैं। यह माना जाता है कि सीखने की प्रक्रिया के दौरान बने ये कनेक्शन्स अक्षुण्ण बने रहते हैं और जीवन भर नहीं मिटते हैं। शायद यही कारण है कि हमें हमेशा कहा जाता है कि हम अपने बच्चों को गलत चीजें न सिखाएं क्योंकि बाद में इसे बदलना या मिटा पाना बहुत मुश्किल होगा।

मानव मस्तिष्क के बारे में एक और दिलचस्प तथ्य यह है कि यह लगातार बदलता और विकसित होता रहता है, लाखों-अरबों की संख्या में नए कनेक्शन स्थापित करता रहता है, मौजूदा कनेक्शनों को पुनर्परिभाषित करता रहता

है और हमारे मस्तिष्क के विभिन्न हिस्सों में न्यूरॉन्स के बीच के अप्रासंगिक कनेक्शन्स को हटाता रहता है। इसी प्रक्रिया के द्वारा मानव मस्तिष्क नई चीजें सीखता है, उन सीखों में अपने अनुभव जोड़ता है, और हमारे जीवन की घटनाओं के बारे में निष्कर्ष निकालता है।

लेकिन मानव मस्तिष्क की कल्पना शक्ति के बारे में क्या स्पष्टीकरण है? हम किसी ऐसी चीज़ की कल्पना कैसे कर लेते हैं जिसे हमने कभी देखा या अनुभव नहीं किया हो? हम अपने एक घटना के अनुभव को पूरी तरह से नई स्थिति से कैसे जोड़ लेते हैं जिसे हमने अपने जीवन में कभी अनुभव नहीं किया है? हमारे मस्तिष्क की इन अद्‌त क्षमताओं की व्याख्या कैसे की जा सकती है? दूसरों के लिए प्यार, स्नेह, सहानुभूति और अन्य भावनाओं का क्या स्पष्टीकरण है? क्या सेमि-कंडक्टर (अर्धचालक) के अंदर इन भावनाओं को उत्पन्न किया जा सकता है? इस प्रश्न का उत्तर शायद हाँ है, लेकिन यह इतनी जल्दी भी नहीं होने वाला है।

आर्टिफिशियल न्यूरल नेटवर्क के अनेक फायदे हैं, लेकिन उनकी कई सीमाएं भी हैं। इन सीमाओं को मोटे तौर पर दो श्रेणियों में वर्गीकृत किया जा सकता है:

- वैज्ञानिक या गणितीय सीमाएँ
- सामान्य सीमाएँ

वैज्ञानिक या गणितीय सीमाओं में Piecewise Linear Curve, Flat Activations, End-To-End-Learning, Learning Many Orthogonal Functions और Universal Approximation Theorem के मुद्दे शामिल हैं, जो इस पुस्तक के दायरे से परे हैं। सामान्य सीमाओं में शामिल हैं डीप न्यूरल नेटवर्क के प्रशिक्षण के लिए एक विशाल प्रासंगिक डेटासेट की आवश्यकता; प्रशिक्षण के लिए एक विशाल कम्प्यूटेशनल शक्ति की आवश्यकता; और ऐसे मॉडल के प्रशिक्षण के लिए पर्याप्त समय की आवश्यकता। साथ ही, डीप लर्निंग मॉडल के लिए हाइपर-पैरामीटर ट्यूनिंग एक कठिन प्रक्रिया है, हालांकि ऐसी गतिविधियों को अब ऑटोमेट किया जा सकता है लेकिन इस प्रक्रिया को अभी और परिपक्वता की आवश्यकता है।

उपरोक्त सीमाओं को पार करने के लिए शोधकर्ताओं ने कुछ विकल्प सुझाए हैं, जैसे कि Geoffrey Hinton's Neuron Capsules, Yann LeCun's Energy-based models और Zhi-Hua Zhou's Deep gcForest आदि, लेकिन इन सभी का बाजार में बड़े पैमाने पर आगमन और उपयोग अभी बाकी है।

लेकिन आर्टिफिशियल न्यूरल नेटवर्क और AI जिस सबसे महत्वपूर्ण और सर्वाधिक आकांक्षी क्षमता का उपयोग करने में पिछड़ रहे हैं वह क्षमता है जनरल इंटेलिजेंस। आज तक AI का उपयोग करके हमने जो भी हासिल किया है वह AI की नैरो इंटेलिजेंस क्षमता के द्वारा संभव हो पाया है, लेकिन जनरल इंटेलिजेंस नैरो इंटेलिजेंस से कोसों आगे है। आइए समझते हैं कि वास्तव में इसका क्या मतलब है।

एक AI सिस्टम किसी भी ऐसी गतिविधि के लिए मानव की तुलना में बेहतर काम करता है, जिसके लिए इसे बनाया गया है। लेकिन इस सिस्टम में यह जागरूकता नहीं होती कि यह क्या काम कर रहा है। साथ ही, यह अन्य संदर्भों के अनुभवों को वर्तमान संदर्भ या संबंधित अनुभवों में नहीं ला सकता है। एक मानव मस्तिष्क में यह सभी क्षमताएं होती हैं, साथ ही कई अन्य हैरतअंगेज़ क्षमताएं भी होती हैं, जिन्हें सम्पूर्ण रूप में **जनरल इंटेलिजेंस** कहा जाता है।

अच्छी खबर यह है कि स्वीडन की केरोलिंस्का इंस्टीट्यूट मेडिकल यूनिवर्सिटी के वैज्ञानिकों ने अपने शोधपत्र An organic electronic biomimetic neuron enables auto-regulated neuro-modulation में ऑर्गेनिक बायोइलेक्ट्रॉनिक्स का उपयोग करके पूरी तरह क्रियाशील न्यूरॉन बनाने का दावा किया है। इस कृत्रिम न्यूरॉन में कोई जीवित भाग नहीं होता है, लेकिन यह मानव न्यूरॉन सेल के कार्यों की नकल करने में सक्षम है और उसी तरह से संचार करता है जैसे हमारे मानव न्यूरॉन्स करते हैं।

एक AI पेशेवर और शोधकर्ता के रूप में, मेरा दृढ़ता से मानना है कि हम निश्चित रूप से एक ऐसी मंज़िल तक पहुँचने में सक्षम होंगे जहाँ हमारी मशीनों में जनरल इंटेलिजेंस क्षमता होगी, जरूरी नहीं कि वे मानव मस्तिष्क जितनी ही सक्षम हों। इस मंज़िल तक पहुँचने के साथ ही हम AI के साथ मानवता के कई अनसुलझे मुद्दों को संबोधित करने में सक्षम हो जाएंगें और यह वास्तव में मानवता के लिए मैन एंड मशीन पार्टनरशिप का युग होगा।

अध्याय 5
ऑटोमेशन हमारे रहन सहन के अनुभव को बदल देगा

आइए एक ऐसे घर की कल्पना करें जिसके दरवाजे आपके आने पर अपने आप खुल जाएं, आपकी मनःस्थिति को बेहतर बनाने के लिए आपकी मनपसंद गरमागरम कॉफ़ी, आपका पसंदीदा संगीत और अनुकूल खुशबू आपका इंतजार कर रहे हों, घर का तापमान और रोशनी आपकी पसंद के हिसाब से सेट की गई हो, आपके पसंदीदा व्यंजन दस्तरख़ान पर सजे हों, घर के कमरे बिना पूर्व-निर्देश के वैक्यूम क्लीन कर दिए गए हों, आपके प्यारे पौधों को पानी दे दिया गया हो और आपके कपड़े धो दिए गए हों। यह दृश्य अब सिर्फ एक सपना नहीं है; यह एक वास्तविकता है। ऑटोनॉमस वाहनों की भांति ऑटोनॉमस (स्वायत्त) घर भी हमारा भविष्य हैं।

उपरोक्त परिकल्पना को स्मार्ट होम प्लेटफॉर्म्स के माध्यम से साकार किया जा सकता है। ये प्लेटफॉर्म निरंतर अधिकाधिक इंटेलीजेंट होते जा रहे हैं। अब आप पूछेंगें कि यह कैसे संभव है? इसका उत्तर आर्टिफिशियल इंटेलिजेंस (AI) और इंटरनेट ऑफ थिंग्स (IoT) तकनीकों के एकीकरण में छुपा हुआ है। अपनी सीखने की अपार क्षमताओं के कारण AI, IoT उपकरणों द्वारा प्रदत्त विशालकाय डाटा का विश्लेषण कर सकता है और परिणामस्वरूप उपयोगकर्ता के घर में रहने के अनुभवों को बेहतरीन बनाने के लिए सार्थक

अंतर्दृष्टि प्रदान कर सकता है। AI द्वारा चालित स्वायत्त घरों के निवासियों के व्यावहारिक पैटर्न्स को सीखा जा सकता है और उनकी पसंद, आदतों और दिनचर्या के आधार पर सेटिंग्स को स्वचालित रूप से एडजस्ट किया जा सकता है। एक स्वायत्त घर में रहना एक ऐसे मित्रवत रोबोट के साथ रहने के जैसा है जिसके पास एक क्रियाशील दिमाग है।

रोज़मर्रा के कामों की नीरसता से मुक्त हो जाओ और स्वायत्त घरों को इन्हें निपटाने दो

कितनी बार आपने महसूस किया है कि दैनिक कार्यों की लम्बी सूची आपके दिमाग पर हावी हो रही है? क्या आपने कभी सोचा है कि समस्या का ऐसा हल आपको मिल जाए जो विश्वसनीय, कुशल और बुद्धिमान हो? AI और IoT का उपयोग करके सभी घरेलू उपकरणों और साधनों को बुद्धिमान बनाया जा सकता है और इस तरह से स्वायत्त घरों में मानवीय प्रयासों को कम किया जा सकता है।

स्मार्ट घरों में स्वचालित तरीकों से विभिन्न कामों को आसानी से निपटाया जा सकता है। चाहे आप दुनिया में कहीं भी हों, बिना एक उंगली उठाए अपने गैरेज के दरवाजे का संचालन कर सकते हैं। भरी बारिश में गैरेज के विशाल और जंग खाए दरवाजों को खोलने के लिए अब आपको घर के बाहर निकलने की जरूरत नहीं है, स्मार्ट गैरेज आप के लिए यह स्वतः ही कर देगा। साथ ही, यह आपके गैरेज में आने-जाने वाले लोगों का रिकॉर्ड भी रख सकता है और किसी भी संदिग्ध गतिविधि की निगरानी भी कर सकता है।

एक ऑटोनोमस होम सिस्टम (स्वायत्त घर प्रणाली) में, घर की सफाई करने वाले रोबोट को अलग-अलग कमरों की विभिन्न सतहों के आधार पर सफाई कार्य संचालित करने के लिए और नई वस्तुओं या फर्नीचर के लिए समायोजन करने के लिए स्मार्ट प्रौद्योगिकियों का उपयोग करके अनुकूलित किया जा सकता है। इसके अलावा, इस रोबोट को intelligent movement patterns के आधार पर समय और ऊर्जा बचाने वाले vacuuming routine के लिए प्रोग्राम किया जा सकता है। यही नहीं, इस तरह के क्लीनर रोबोट एक ऐसा क्लीनिंग शेड्यूल तैयार कर सकते हैं जो उपयोगकर्ता की गतिविधियों या काम के घंटों को बाधित नहीं करता है और जिससे उपयोगकर्ता को न्यूनतम परेशानी होती है। साथ ही, यदि आपके पास एक विशेष क्लीनिंग पैटर्न है (जैसे

कि सप्ताह में दो बार शाम 5 बजे) तो इंटेलीजेंट क्लीनर रोबोट इस पैटर्न का उपयोग कर सकता है।

इसी तरह, AI-युक्त थर्मोस्टेट सिस्टम द्वारा उपयोगकर्ता घर आने से पहले ही अपने कमरे को गरम या ठंडा कर सकते हैं या वाई-फाई-एकीकृत थर्मोस्टेट रिमोट कण्ट्रोल द्वारा विभिन्न घरेलू इकाइयों के तापमान को नियंत्रित कर सकते हैं। इसके अलावा, थर्मोस्टेट सोल्यूशन्स मौसम की स्थिति के आधार पर कमरे के वांछित तापमान की भविष्यवाणी कर सकते हैं और तदनुसार तापमान को बदल सकते हैं। यदि उपयोगकर्ता जागते समय और सोते समय अलग-अलग तापमान सेट करना पसंद करते हैं, तो स्मार्ट थर्मोस्टेट यूनिट इस डेटा को रिकॉर्ड कर लेती है और इसे भविष्य में कुशलता से उपयोग कर सकती है। ये सब उदहारण आईओटी और AI के एकीकरण का मूर्तरूप हैं।

स्वायत्त घरों में अचूक सुरक्षा के लिए सतर्कता

घर की सुरक्षा एक गंभीर चिंता का विषय है और दुर्घटनाओं से बचने के लिए अत्यधिक सतर्कता की आवश्यकता होती है। लेकिन आपके स्मार्ट घर में एकीकृत AI और IoT के द्वारा मिलने वाली सुरक्षा के कारण आप शांति से सो सकते हैं। Face Recognition एल्गोरिदम का उपयोग करके AI-संचालित प्रणाली आपके सोशल मीडिया कनेक्शंस और आपके घर आने जाने वाले व्यक्तियों की एक सूची बनाती है और इस सूची के द्वारा परिवार के सदस्यों, मेहमानों और आगंतुकों को पहचानने में मदद करती है। इस तकनीक का उपयोग करने से false alarms की संख्या में पर्याप्त कमी आएगी। इसके अलावा, मोशन डिटेक्टर, सेंसर और सुरक्षा कैमरों से लैस ये सेल्फ-मॉनिटरिंग सिक्योरिटी सिस्टम, संभावित घुसपैठ का आसानी से आकलन करेंगे और आपात स्थितियों में आपको कॉल भी करेंगे। इस तरह से मानवीय निगरानी की आवश्यकता समाप्त हो जाएगी।

वरिष्ठ नागरिकों के लिए कुशल देखभाल प्रणाली

लगभग सभी देशों में बुजुर्ग लोगों की बढ़ती आबादी के साथ, परिवार के सदस्यों के पास बुजुर्गों की देखभाल करने की एक अतिरिक्त जिम्मेदारी भी है। लेकिन इस देखभाल के लिए 24x7 शारीरिक रूप से उपस्थिति रहना असंभव है। लेकिन इस बारे में चिंता करने की जरूरत नहीं है क्यूंकि स्वायत्त घर इस

जिम्मेदारी को सँभालने के लिए तैयार हैं। अपनी स्मार्ट लर्निंग तकनीक और डिमांड फॉरकास्टिंग (मांग पूर्वानुमान) सुविधाओं के साथ स्वायत्त घर तापमान, आर्द्रता, ऑक्सीजन की आपूर्ति को नियंत्रित कर सकते हैं और यहां तक कि आवासीय इकाइयों को चिकित्सा देखभाल सुविधाओं से जोड़ सकते हैं ताकि बुजुर्गों को कभी भी अरक्षित न छोड़ा जाए। साथ ही, उन परिस्थितयों में बुजुर्गों के कमरे में लगाए गए सेंसर के द्वारा घर के सदस्यों को तुरंत सूचित किया जा सकता है जब वहां कोई हलचल न हो या अन्य कोई चिंता का विषय हो।

बच्चों के देखभाल की स्वचालित सुविधा

इसी तरह, स्मार्ट होम आपके बच्चों की बेहतरीन तरीके से देखभाल कर सकते हैं। Visual Emotion Detector और Mood Sensor यह बता सकते हैं कि क्या आपका बच्चा खुश है, उदास है, या भ्रमित है, और इस आधार पर अन्य स्मार्ट होम डिवाइस को मूवी लगाने, लाइट चालू करने या घर के तालों की जांच करने के लिए कह सकते हैं। यदि किसी क्षण आपका बच्चा रोना शुरू करता है तो स्मार्ट सिस्टम धीरे-धीरे अपनी लाइट्स को शुरू करके और एक सुखदायक लोरी सुनाकर प्रतिक्रिया देता है। इसके बाद बच्चे के माता-पिता और देखभाल करने वालों को उनके स्मार्टफोन पर सूचना भेजी जाती है।

ऊर्जा अनुकूलन

आज की दुनिया में, तेजी से घटते प्राकृतिक संसाधनों की सुरक्षा के लिए ऊर्जा संरक्षण का अत्यधिक महत्व है। हम मनुष्य, मूल्यवान ऊर्जा स्रोतों के व्यापक अपव्यय के दोषी है। ऐसी स्थिति में स्मार्ट घर प्रकाश, तापमान, दबाव सेंसर्स को प्रभावी ढंग से नियंत्रित करके और पानी तथा गैस की आपूर्ति का प्रबंधन करके एक हरित और ऊर्जा की बचत करने वाली आवास इकाई बनाने में योगदान कर सकते हैं। इस तरह आपको हमेशा उन बहते नलों, जलते हुए गैस के चूल्हों और बिजली के उपकरणों को संभालने की जरूरत नहीं पड़ेगी, जिन्हें आपके बच्चे कभी स्विच ऑफ करना नहीं सीखते हैं। आपका AI-संचालित होम ऑटोमेशन सिस्टम इन सबकी देखभाल करेगा।

स्वायत्त घर हमारे रहन-सहन के तरीकों को बदल रहे हैं

इक्कीसवीं सदी के लिए चुस्त-दुरुस्त आदर्श स्मार्ट होम डिजिटल टेक्नोलॉजी और इंटेलिजेंट मशीन लर्निंग को जोड़ता है और डिमांड फोरकास्ट (मांग पूर्वानुमान) तथा दिनचर्या की आदतों के आधार पर उच्चतम स्तर के आरामदायक रहन-सहन का अनुभव प्रदान करता है। ये AI-युक्त सिस्टम आपकी मनोदशा और वरीयताओं को जान सकते हैं और घरेलू वस्तुओं के साथ आपके इंटरएक्शन का विश्लेषण कर सकते हैं। इस तरह से अर्जित ज्ञान के आधार पर यह आपके घर को बेहतरीन बना सकते हैं। ऐसा इसलिए संभव हो पाता है कि यह आपकी शारीरिक आवश्यकताओं, आदतों, और व्यक्तिगत विकल्पों को ध्यान में रखते हैं और उनके आधार पर समय और ऊर्जा की बचत करने वाली सबसे बेहतरीन कार्य योजना बनाते हैं। यह कतई आश्चर्यजनक नहीं है कि आप बस बैठिए और आराम करिए जबकि स्मार्ट AI सिस्टम आपके घर को बिना किसी असफलता के हर पल संचालित रखेंगें।

अवसर, व्यापार की संभावनाएं

उपर्युक्त तथ्यों और उनकी व्यावसायिक संभावनाओं को जानने के बाद Google, Amazon, Apple, Samsung जैसे कई बड़े खिलाड़ियों ने अपने स्मार्ट होम ऑटोमेशन प्लेटफ़ॉर्म विकसित कर लिए हैं। हालांकि ये प्लेटफ़ॉर्म बहुत सारी सुविधाएँ प्रदान करते हैं, लेकिन रहन-सहन के अनुभव को आदर्श स्तर तक ले जाने के लिए अभी भी कई अवसर हैं। ये सभी प्लेटफ़ॉर्म ज्यादातर स्मार्ट हब के रूप में कार्य करते हैं जो आपके घर के सभी स्मार्ट उपकरणों और साधनों से जुड़ सकते हैं और एक कमांड सेंटर के रूप में कार्य करते हैं जो आपके उपकरणों को नियंत्रित करने के लिए ऐप या वॉइस कमांड के माध्यम से निर्देश स्वीकार कर सकते हैं। उन क्षेत्रों में अभी भी अवसर हैं जहां ऐसे प्लेटफॉर्म्स को आपकी वरीयताओं को जानने के लिए पर्याप्त इंटेलीजेंट बनाया जा सकता है, जो आपकी मनोदशा को समझ सकते हैं, स्वयं को परिवर्तित कर सकते हैं, डिमांड फॉरकास्टिंग (मांग पूर्वानुमान) कर सकते हैं, स्वयं के रखरखाव का ख्याल रख सकते हैं, खुद की बिलिंग और सब्सक्रिप्शन

की देखभाल कर सकते हैं आदि आदि। इंटेलीजेंट प्लेटफॉर्म्स आपके घर का पूरा उत्तरदायित्व ले सकते हैं। हमारे घरों की विविधता और हमारे विभिन्न भौगोलिक और अन्य सामाजिक-आर्थिक कारकों में रहने की स्थिति को देखते हुए कोई एक सार्वभौमिक उत्पाद पर्याप्त नहीं हो सकता है और न ही एक एकल व्यवसाय मॉडल सभी प्रकार की आवश्यकताओं में फिट होगा। बल्कि, अलग-अलग पैमानों पर कई अलग-अलग उत्पाद और अलग-अलग बिजनेस मॉडल बनने जा रहे हैं, जो ग्राहकों की विभिन्न आवश्यकताओं और विशाल अवसरों की पूर्ति करेंगे। इसलिए निःसंदेह, स्वायत्त घरों की दिशा में दुनिया भर में ऑटोमेशन की अगली बड़ी लहर आने वाली है।

अध्याय 6

स्वचालित वाहनों के सामाजिक और आर्थिक प्रभाव

स्वचालित वाहन निस्संदेह दुनिया का भविष्य हैं, लेकिन यह प्रश्न अभी भी बना हुआ है कि क्या वे वास्तव में सड़कों पर आएंगे और वे हमारे दैनिक जीवन का हिस्सा बनेंगे। आइए इस प्रश्न की गहराई से विवेचना करते है और समझते हैं कि स्वचालित वाहन किस प्रकार से एक नवीन जीवनशैली हेतु अपना योगदान करने वाले हैं।

कल्पना कीजिये कि आप अपने कार्य स्थल तक जाने के लिए एक स्वचालित कार में सवार होते है और आपको बस इतना करना है कि आराम से बैठिये। अपने कार्य स्थल तक की इस यात्रा के दौरान आप समाचार पत्र पढ़ सकते हैं या स्मार्टफोन का उपयोग कर सकते हैं और स्नैक्स का आनंद ले सकते हैं। बेहतर विकल्प ये भी हैं कि कुछ अतिरिक्त मिनटों का पावर नेप ले लें जिसके दौरान कोई भी आपको परेशान न करे, यहाँ तक कि आपका ड्राइवर भी नहीं। इन सभी विकल्पों और सुविधाओं के द्वारा स्वचालित वाहन आपके व्यक्तिगत गतिशील आरामदायक कक्ष का रूप धारण कर लेते हैं, जहां आप परेशानी मुक्त बेहतरीन ड्राइविंग अनुभव का आनंद ले सकते हैं।

स्वचालित कारों के आगमन के पश्चात सड़कों पर भीड़ और ट्रैफिक जाम अतीत की बात हो जायेगी क्योंकि ऐसी ड्राइवर-रहित कारें अपने निर्धारित

गंतव्य तक पहुँचने के लिए ट्रैफिक जाम और सड़क दुर्घटनाओं से बचते हुए सबसे छोटा, त्वरित, कम लागत वाला और कम ईंधन खर्च करने वाला मार्ग चुनने में सक्षम होंगीं। स्वचालित वाहनों में लगी शक्तिशाली सेंसर प्रणाली और ड्राइविंग प्राथमिकता दिशानिर्देश इन वाहनों को अग्रिम में किसी भी आकस्मिकता के लिए तैयार करने और अन्य स्वचालित वाहनों के साथ संचार एवं सूचनाओं के आदान-प्रदान द्वारा बाधाओं से बचने के लिए तैयार रखेंगें। केवल इतना ही नहीं, एक सुचारु और थकान-मुक्त कार यात्रा का आनंद लेने के बाद आपको पार्किंग के बारे में भी चिंता नहीं करनी होगी क्यूंकि स्वचालित वाहन एक आरामदायक पार्किंग स्थल खोज पायेंगें और उनकी स्व-जागरूक तकनीक किसी भी संभावित चोरी के प्रयास को भी असफल कर देगी।

संक्षेप में, यह कहना अनुचित नहीं होगा कि स्वचालित वाहन निस्संदेह दुनिया का भविष्य हैं। स्वचालित कारें एक अदभुत आश्चर्य है जो पूरी तरह से हमारे जीवन को जीने के तरीके को बदल सकती है, विशेष रूप से परिवहन और आवागमन के संदर्भ में। गतिशील रिटेल स्टोर्स से लेकर चलते फिरते रेस्तरां और जिम तक, स्वचालित वाहन बहुत सारी सुविधाओं का वादा करते हैं।

लेकिन ये स्वचालित वाहन हमारी सड़कों पर कब से दौड़ना प्रारम्भ करेंगें और कब हमारे जीवन का स्थायी हिस्सा बनेंगें? इस प्रश्न का उत्तर, हमारी उस तत्परता पर निर्भर करेगा जिससे हम इस आश्चर्यजनित ऑटोमोबाइल रूपांतरण को स्वीकार कर पाते हैं और मानव स्वतंत्रता और सुरक्षा चिंताओं से समझौता किए बिना इस तरह के उच्च कोटि प्रौद्योगिकी का कुशलता से उपयोग किस तरह से कर पाते हैं।

स्वचालित वाहन निर्माताओं ने ड्राइवरलेस कारों के लिए एक आनंदमय और अभिनव भविष्य का वादा किया है। इस बारे में बहुत सारे कयास लगाए जा रहे हैं कि मोटर वाहन उद्योग पर स्वचालित कारों का क्या प्रभाव होगा और ये ड्राइवरलेस कारें दुनिया को भविष्य की डिजिटाइज्ड इकाई में कैसे बदल सकेंगीं। भविष्यवक्ताओं के अनुसार, स्वचालित वाहन आर्थिक और तकनीकी प्रगति के एक नए युग को सामने ला सकते हैं। हालांकि पूरी तरह से स्वचालित वाहन अभी भी परीक्षण के चरण में हैं, लेकिन निश्चित रूप से एक दशक से भी कम समय में ये वहां सड़कों पर पदार्पण करने वाले हैं।

आइए, स्वचालित वाहनों के पदार्पण और व्यवसायीकरण के बारे में और अधिक परिप्रेक्ष्य इकट्ठा करने के लिए और ये जानने के लिए कि ये वाहन कैसे इंटरनेट ऑफ थिंग्स (IoT), आर्टिफिशियल इंटेलिजेंस (AI) और अन्य

अत्याधुनिक तकनीकों का भरपूर उपयोग करते हैं, हम विभिन्न जीवन क्षेत्रों पर इन वाहनों के प्रभाव पर करीब से नज़र डालते हैं।

मानव जीवन पर सकारात्मक प्रभाव

शहरों में स्वचालित वाहनों का सकारात्मक प्रभाव निर्विवादित है। सबसे बड़ा अनुमानित लाभ यह है कि उच्च श्रेणी आर्टिफिशियल इंटेलिजेंस से युक्त ऐसे वाहन, सड़क दुर्घटनाओं और परिणामी हताहतों की दर को कम करने में बेहद सफल साबित होंगें। यह देखते हुए कि हर साल लाखों लोग मोटर वाहन दुर्घटनाओं के कारण मर जाते हैं, ऐसी घटनाओं को समाप्त कर पाना एक उल्लेखनीय उपलब्धि होगी।

साथ ही, इन स्वचालित वाहनों के द्वारा आवागमन के लम्बे समय तक की जाने वाली ड्राइविंग के कारण होने वाली थकावट, शारीरिक तनाव और मानसिक तनाव को बहुत हद तक कम किया जा सकता है। चालक रहित कारों का उपयोग कर, लोग कम खर्च पर लंबी दूरी की यात्रा जल्दी पूरी कर सकते हैं। इस तरह से बचाया गया समय अधिक उत्पादक कार्यों के लिए उपयोग में लाया जा सकता है।

इसके अलावा, स्वचालित वाहनों की आसानी से उपलब्धता उन मुद्दों को भी हल कर पायेगी जहाँ कार्यस्थल, बाज़ार या मनोरंजन केंद्रों की यात्रा के लिए आवास के निकट वाहनों की उपलब्धता की बात आती है।

इसके अतिरिक्त, विकलांग लोगों या शारीरिक रूप से अक्षम व्यक्तियों/रोगियों के लिए स्वचालित वाहन वरदान बन कर सामने आयेंगें।इन ड्राइवरलेस कारों को विशेष रूप से व्हीलचेयर को समायोजित करने के लिए डिज़ाइन किया गया है, ये कारें आसानी से बीमार यात्रियों के लिए एक सुरक्षित और सुरक्षित बोर्डिंग स्थान का पता लगा सकती हैं। इसके अलावा, स्वचालित वाहन ब्रेल बटन के साथ आने वाले हैं ताकि दृष्टिबाधित यात्रियों को आसानी से और स्वतंत्र रूप से आवागमन में मदद मिल सके।

अंत में, स्वायत्त वाहनों की प्रचुर आपूर्ति होने से स्व-स्वामित्व वाली कारों को खरीदने और रख-रखाव करने की दिशा में भारी गिरावट हो सकती है। स्वायत्त वाहनों द्वारा पेश किए गए आसान, सस्ते, सुविधाजनक और त्वरित परिवहन विकल्पों के साथ, शहरी बस्तियों में बहुत कम लोग महंगी निजी कार में निवेश करने के लिए तत्पर होंगे। लेकिन यह कहा जा रहा है कि मानव संचालित

कारें विशेष रूप से विकासशील देशों में छोटे शहरों और ग्रामीण क्षेत्रों में रहने के लिए बनी रहेंगीं, जब तक कि बहुत सस्ती कीमत में स्वायत्त वाहनों के बड़े पैमाने पर उत्पादन के लिए पर्याप्त पूंजी उपलब्ध नहीं हो जाए।

वैश्विक अर्थव्यवस्था पर सकारात्मक प्रभाव

स्वचालित वाहन दैनन्दिन गतिविधियों की गति को बढ़ाने में बहुत बड़े सहायक होंगें। इसके परिणामस्वरूप लोग अपना बचा हुआ समय व्यावसायिक गतिविधियों में लगा सकेंगें जिससे अर्थव्यवस्था को काफी हद तक बढ़ावा मिलेगा। यातायात और यातायात प्रबंधन संसाधनों में कमी आने के कारण जहाँ लागत और समय घटेंगें वहीँ दक्षता अपने चरम पर पहुँच पाएगी।

हालांकि कुछ समय के लिए नौकरियों का विस्थापन और बेरोजगारी में वृद्धि संभावित नकारात्मक परिणाम बन कर सामने आयेंगें लेकिन दीर्घकाल में स्थिति सकारात्मक मोड़ जरूर लेगी। साथ ही, कार बीमा कंपनियां एक बड़े बदलाव से गुजरेंगी क्योंकि वे तब ड्राइवर देनदारियों के बजाय उत्पाद देनदारियों के लिए जिम्मेदार हो जाएँगी। वैकल्पिक रूप से, वाहन निर्माताओं को अपनी वाहन सुरक्षा के लिए बीमा की आवश्यकता होगी।

परिवहन की लागत कम होने से उत्पाद की कीमतों में कमी भी अपेक्षित है। चालक रहित संपूर्ण स्वचालित कारें, सामानों को वितरित करने के लिए आवश्यक उच्च श्रम लागत में कटौती करने में मदद करेंगी।

स्वचालित वाहनों के लिए बुनियादी ढांचा

स्वचालित वाहन भविष्य में महान ऊंचाइयों को छूने का सपना प्रस्तुत करते हैं। उनकी पूरी क्षमता और दक्षता का उपयोग करने के लिए शहरी बस्तियों के बुनियादी ढांचे में बदलाव करना महत्वपूर्ण है। शहर के बुनियादी ढांचे पर चालक रहित कारों का एक बड़ा प्रभाव पार्किंग और गैरेज में भारी कमी होगी। ऐसा इसलिए होगा क्योंकि स्वचालित वाहन हमेशा चलते रहेंगे और मानव गतिशीलता को अधिकतम करने के साधन के रूप में राइड शेयरिंग सेवाएं प्रदान करेंगे। नतीजतन, बहुत सारे पार्किंग स्थान फिर से कार्यालय, आउटलेट या यहां तक कि मनोरंजक हब बनाने के लिए वैकल्पिक रूप से उपयोग किए जाएंगे।

स्वचालित वाहन कुशल और उन्नत एकीकृत आर्टिफिशियल इंटेलिजेंस तकनीक का उपयोग करते हैं जो उन्हें संकीर्ण सड़कों का उपयोग करने में सक्षम बनाता है और जो उनके उत्कृष्ट पैंतरेबाज़ी के लिए भी जिम्मेदार है। ये सड़कों को पैदल चलने वालों के लिए अधिक सुविधाजनक और सुरक्षित बनाते हैं।

सुरक्षित, सटीक और दुर्घटना मुक्त आवागमन के लिए, हमें ऐसी स्मार्ट सड़कों की आवश्यकता होती है, जिनमें सड़क के किनारे सेंसर, मशीन पठनीय संकेत और रडार परावर्तक भूमि चिह्न लगे हों। इसके अलावा, जब ट्रैफिक सिग्नल को मशीन अनुकूलित प्रोटोकॉल से बदल दिया जाता है, तो यह स्वचालित वाहनों को ड्राइविंग प्राथमिकताओं को सटीक रूप से संसाधित करने में मदद कर सकता है। ऑन-रोड टेलीमैटिक्स भी ड्राइवरलेस वाहनों को ड्राइविंग जानकारी साझा करने और अग्रिम में संभावित आकस्मिकताओं के लिए तैयार करने की अनुमति देने का एक अच्छा विकल्प है।

स्वचालित वाहन: मानव रोजगार के लिए खतरा?

इस तथ्य को नजरअंदाज करना मूर्खतापूर्ण होगा कि ड्राइवरलेस कारों के उपयोग में वृद्धि होते जाने पर लाखों ड्राइवर अपना अंशकालिक या पूर्णकालिक रोज़गार खो देंगे। सबसे ज्यादा प्रभावित ट्रक ड्राइवर और फोर्कलिफ्टर होंगे क्योंकि ड्राइविंग सेक्टर में वही सबसे बड़ी संख्या में कर्मचारी हैं। स्वचालित वाहन उद्योग में बड़े पैमाने पर होने वाली उन्नति, निजी ड्राईवरों और उबेर/ओला ड्राईवरों की नौकरी खोने का कारण बन जाएगी।

इस बड़े पैमाने पर बेरोजगारी के खतरे का सामना करने के लिए ड्राइवरों को फिर से प्रशिक्षित करने और उन्हें डिजिटाइज्ड ऑटोमोटिव वातावरण के बारे में जागरूक करने के लिए पर्याप्त ज्ञान प्रदान करने की आवश्यकता है। विशेषज्ञ अनुमान लगाते हैं कि यदि लोगों को स्वचालित वाहनों के रखरखाव, मरम्मत और सुरक्षा के लिए प्रशिक्षित किया जाए तो रोजगार दर और उत्पादकता में उल्लेखनीय वृद्धि हो सकती है।

इसके अलावा, हालिया विश्लेषण के आधार पर यह कहा जा सकता है कि स्वचालित वाहन डिजिटल केंद्रित नौकरियों में तेजी लाएंगे जिसमें शामिल है फ्लीट मैनेजमेंट, इंटीग्रेटेड ऑटोमोबाइल सॉफ्टवेयर डेवेलपमेंट, स्मार्ट बुनियादी ढांचा निर्माण, सुपर-हाई-स्पीड कनेक्टिविटी और दूरसंचार आदि।

हालांकि लोगों को एक स्वचालित और भविष्य की दुनिया में अपनी नई नौकरी की भूमिका निभाने के लिए नए कौशल से लैस होने से पहले व्यावहारिक रूप से वर्षों लग सकते हैं। इसके अलावा, सीमित स्वचालित कौशल वाले कम शिक्षित लोग स्वचालित कारों से भारी चुनौतियों का सामना करेंगे क्योंकि ऐसी कारें किसी भी अनुभवी मानव चालक की तुलना में अधिक सुरक्षित, कुशल, स्मार्ट, लागत-प्रभावी, ऊर्जा-प्रभावी और विश्वसनीय हैं।

स्वचालित कारों के बड़े पैमाने पर उत्पादन और उपयोग के नुकसान

जैसा कि पहले चर्चा की गई थी, स्वचालित वाहन काफी हद तक मानव चालकों और परिवहन सेवाओं से जुड़े बेरोजगारी जोखिम के लिए जिम्मेदार होंगे। यही नहीं, चालक रहित वाहनों की अत्यधिक सटीकता के कारण, लाल बत्ती को पार करने या गति सीमा से अधिक चलने की कोई संभावना नहीं होगी। नतीजतन, सरकारें ट्रैफिक जुर्मानों के रूप में हर साल एकत्र किए जाने वाले अरबों रुपये खो देगी।

इसके अलावा, स्वचालित वाहनों में एक मामूली तकनीकी या डिजिटल गड़बड़ एक बड़ी दुर्घटना का कारण बन सकती है जो किसी भी नियमित सड़क दुर्घटना से अधिक जोखिम भरा होगा। ऐसी किसी भी घटना में पुलिस और नियामक अधिकारियों के लिए स्थिति को संभालना बहुत मुश्किल होगा।

स्वचालित वाहनों का एक और संभावित नुकसान यह भी है कि वे खराब मौसम की स्थिति में अनुचित कार्य करने के लिए प्रवृत्त हो सकते हैं और मानव आधारित सड़क संकेतों और निर्देशों को पढ़ने में असमर्थ होंगे।

इसके अलावा, किसी भी अन्य डिजिटल तकनीक की तरह, स्वचालित वाहन हैकर्स से गंभीर खतरे में होंगे जो कार की तकनीकी प्रणाली पर हमला कर सकते हैं और मानव नियंत्रित दुर्घटनाओं को नियंत्रित कर सकते हैं या आतंकवादी हमलों आदि के लिए इन ड्राइवर रहित कारों का उपयोग करके व्यापक सुरक्षा खतरा पैदा कर सकते हैं।

इस प्रकार, जहां पूरी तरह से स्वचालित वाहन लोगों के जीवन की गुणवत्ता को उन्नत करने का वादा करते हैं, वहीँ ये वाहन बुनियादी ढाँचे को मानव चालकों के लिए प्रतिकूल बना देंगे और इस तरह से डिजिटाइज्ड वातावरण में ड्राइवरों की आजीविका को भारी खतरा उत्पन्न हो जायेगा।

अध्याय 7

आर्टिफिशियल इंटेलिजेंस BFSI क्षेत्र को कैसे बदल रहा है?

आज जब पूरा व्यापार जगत डिजिटलीकरण के युग से कोग्निफिकेशन के युग की और एक क्रांतिकारी परिवर्तन के रूप में बढ़ रहा है, हमें यह स्वीकार करना होगा कि दुनिया भर के बैंकों और वित्तीय संस्थानों ने बहुत प्रारंभिक चरण में ही आर्टिफिशियल इंटेलिजेंस की अपार संभावनाओं को पहचाना और अपनी परिवर्तन यात्रा में उसका उचित उपयोग किया।

दुनिया के अग्रणी बैंकों और वित्तीय संस्थानों के लिए अपने उत्पादों, प्रक्रियाओं और रणनीतियों को फिर से परिभाषित करने के लिए आर्टिफिशियल इंटेलिजेंस का उपयोग करना सबसे महत्वपूर्ण जरिया है। इसमें मशीन लर्निंग, डीप लर्निंग, और नेचुरल लैंग्वेज प्रोसेसिंग जैसी अत्याधुनिक तकनीकों के माध्यम से Predictive (पूर्वानुमान) और Cognitive (संज्ञानात्मक) क्षमताओं का उपयोग करना शामिल है।

इसके पीछे एक मुख्य कारण यह है कि बैंकिंग एक डेटा-आधारित व्यवसाय हैं, अतः इस व्यवसाव में आर्टिफिशियल इंटेलिजेंस का उपयोग अवश्यम्भावी है क्योंकि आर्टिफिशियल इंटेलिजेंस एक ऐसी तकनीक है जो बहुत ही कुशलता से कई डेटा स्रोतों से इकट्ठे किये गए भारी मात्रा के डेटा को प्रोसेस करके इंटेलीजेंट प्रेडिक्शन और सिफारिशें प्रदान कर सकती है।

दूसरे, बैंकों के पास अपने ग्राहकों के वित्तीय विवरणों की पूरी जानकारी होती है और वे अपने ग्राहकों को किसी भी अन्य व्यवसाय की तुलना में कहीं अधिक निकटता से जानते हैं। AI से लैस बैंक इस तरह के विवरण का लाभ उठाकर अपने ग्राहकों को वित्तीय उत्पादों और सेवाओं के बारे में अत्यधिक प्रासंगिक सिफारिशें कर सकते हैं।

इसके अलावा, चूँकि AI ऍप्लिकेशन्स में बार-बार दोहराए जाने कार्यों को स्वचालित करने की क्षमता होती है, जिसका उपयोग कर समय, प्रयास और लागत को कम से कम किया जा सकता है। लेकिन सबसे महत्वपूर्ण है AI द्वारा लाई जाने वाली दक्षता और मजबूती, जो हस्तचालित तरीकों से प्राप्त करना कतई संभव नहीं है।

वित्तीय उद्योग के कई क्षेत्र हैं जिनमें आर्टिफिशियल इंटेलिजेंस और मशीन लर्निंग ने पहले ही अपना महत्वपूर्ण स्थान बना लिया है, लेकिन अभी भी कई ऐसे क्षेत्र हैं जो AI के उपयोग से अछूते हैं और आने वाले वर्षों में इन क्षेत्रों में AI तकनीक पर मुख्य फोकस रहेगा।

रोबो एडवाइजर्स, हाई फ्रीक्वेंसी ट्रेडिंग, रिस्क मैनेजमेंट, एंटी-मनी लॉन्ड्रिंग, साइबर सिक्योरिटी, फ्रॉड डिटेक्शन, इंटेलिजेंट प्रेडिक्शन्स और रेकमेंडेशन्स कुछ ऐसे क्षेत्र हैं जहां AI एप्लिकेशन का हमेशा से उपयोग किया गया है। लेकिन, वास्तव में, वित्तीय उद्योग में कई और क्षेत्र हैं जहां AI पहले से ही एक महत्वपूर्ण भूमिका निभा रहा है और जिसके बारे में ज्यादातर जागरूकता नहीं हैं, जैसे कि एंटरप्राइज़ एप्लिकेशन में इंटेलिजेंस और स्मार्टनेस लाने के लिए कई एंबेडेड AI एल्गोरिदम का उपयोग।

आर्टिफिशियल इंटेलिजेंस में बहुत तेज़ी से बड़ी मात्रा में डेटा को प्रोसेस करने की क्षमता होती है, जो मानव या किसी पारंपरिक कंप्यूटर प्रोग्राम द्वारा प्रोसेस किए जा सकने वाले डेटा से कहीं अधिक है। AI की इस क्षमता के माध्यम से वित्तीय संस्थानों द्वारा ग्राहकों को प्रदान की जाने वाली सेवाओं को बेहतरीन बनाया जा सकता है। साथ ही धन प्रबंधन क्षेत्र में वित्तीय संस्थान अपने ग्राहकों को अधिक बेहतर, अधिक लक्षित और कुशल सलाह प्रदान करने में सक्षम होंगें।

रिस्क और क्रेडिट मूल्यांकन एक ऐसा ही क्षेत्र है जहाँ मशीन लर्निंग और डीप लर्निंग गेम चेंजर की भूमिका निभा रहे हैं और बीमा उद्योग ने इन तकनीकों को

बड़े पैमाने पर अपनाया है। ये उद्यम इन तकनीकों का उपयोग करने के लिए विवश हैं क्योंकि AI व्यवसाय करने के तरीकों को पूरी तरह से बदल रहा है।

स्मार्ट वॉलेट दुनिया भर के बैंकों के लिए रूचि का एक और क्षेत्र है। बैंकों ने अपने ग्राहकों को स्मार्ट वॉलेट उपलब्ध कराना शुरू कर दिया है। AI क्षमताओं से लैस स्मार्ट वॉलेट ग्राहक की खर्च करने की आदतों का विश्लेषण करेंगें और भविष्य के खर्च के लिए स्मार्ट सलाह और सिफारिशें देने के लिए ग्राहक के लेन-देन के व्यवहार से सीखेंगे। यह तकनीक, प्रेडिक्टिव अलर्ट्स और रेकमेन्डेशन्स के माध्यम से बचत और जिम्मेदार खर्च को प्रोत्साहित करेगी। इसी तरह, AI यह भी पता लगा सकता है कि क्या निकट भविष्य में ग्राहक द्वारा अपने उत्पादों या सेवाओं को बदलने की संभावना है; इस तरह के प्रारंभिक संकेत पाने पर बैंक को अपने ग्राहक को अधिक उपयुक्त उत्पाद प्रदान करने में मदद मिलेगी और इसके द्वारा बैंक ग्राहक को अपने साथ बनाए रखने में मदद पा सकेगा।

अगर रिस्क असेसमेंट, क्रेडिट असेसमेंट और विनियामक क्षेत्रों की बात करें तो पायेंगें कि आज पारंपरिक तरीके से होम लोन या पर्सनल लोन के लिए किए गए आवेदन की प्रोसेसिंग में और ऐसे ऋणों को अनुमोदित करने से पहले की जाने वाली क्रेडिट जाँच में कुछ हफ्ते लगते हैं। आर्टिफिशियल इंटेलिजेंस के उपयोग के द्वारा, यह लोन प्रोसेसिंग समय एक से दो घंटे के स्टार तक लाया जा सकता है। ऐसा परिवर्तन AI की उन क्षमताओं के कारण संभव हो पाएगा जिनके द्वारा विभिन्न ग्राहक डेटा स्रोतों से पूछताछ करके क्रेडिट असेसमेंट को बहुत तेज़ और बेहतरीन तरीके से किया जा सकता है।

बैंकों द्वारा ग्राहकों के साथ सूचनाओं के आदान-प्रदान के लिए इस्तेमाल किए जाने वाले इंटरफेसेस में बड़ी मात्रा में परिवर्तन आ रहा है। बैंक अपने ग्राहकों के साथ इंटरफेसिंग के लिए Chatbots, Robots और Humanoids का उपयोग बढ़ा रहे हैं। भारत के बैंकों में भी इसी तरह के रुझान दिख रहे हैं।

इसके अलावा, एंटी-मनी लॉन्ड्रिंग और रेगुलेटरी क्षेत्रों में बहुत सारे ऐसे AI एप्लिकेशन पदार्पण कर रहे हैं जिनके द्वारा बड़ी मात्रा के डेटा का विश्लेषण करने, धोखाधड़ी, मनी लॉन्ड्रिंग, और आपराधिक गतिविधियों के पैटर्न का पता लगाने और बैंक अधिकारियों को उचित समय पर इसकी जानकारी देने के कार्य बड़ी तेजी और सक्षमता से किए जा रहे हैं ताकि अपराधियों को गिरफ्तार करने के लिए तत्काल कार्रवाई की जा सके।

वित्तीय क्षेत्र में AI के अन्य उपयोगों में, ए.टी.एम. धोखाधड़ी को स्वचालित रूप से पहचानने के लिए Facial Stress Analysis (चेहरे के तनाव के विश्लेषण) का उपयोग शामिल है। AI वित्तीय सलाहकार, जिन्हें Robo-Advisors भी कहा जाता है, बैंक ग्राहकों के लिए 24×7 इंटेलीजेंट वित्तीय सलाह और निवेश सलाह उपलब्ध कराते हैं।

अध्याय 8

स्टार्टअप्स और टेक्नोलॉजी दिग्गज कंपनियों के बीच AI प्रतिस्पर्धा

टेक्नोलॉजी की दुनिया बड़ी तेज गति से आगे बढ़ रही है। एक दशक पहले तक एक नई IT कंपनी शुरू करना इतना आसान नहीं था। एक नई कंपनी को स्थापित करने के लिए शुरुआती निवेश के लिए बड़ी रकम की आवश्यकता होती थी। स्टार्टअप्स के लिए अपने विचारों को विकसित करना और उन्हें व्यापार के रूप में परिवर्तित करना, भारी निवेश के बिना संभव नहीं था। पिछले एक दशक में टेक्नोलॉजी का बाजार बहुत तेजी से बदला है। विशेष रूप से पिछले पाँच वर्षों में, बाजार में हार्डवेयर और इंफ्रास्ट्रक्चर की लागत काफी कम हो गई है। क्लाउड कंप्यूटिंग के पदार्पण के साथ, इंफ्रास्ट्रक्चर पर निवेश करने की कोई आवश्यकता नहीं है क्योंकि इंटरनेट पर सब कुछ प्रोसेस और स्टोर किया जा सकता है।

सॉफ्टवेयर अब Open Source हैं और हर जगह आसानी से उपलब्ध हैं। बाजार आर्टिफिशियल इंटेलिजेंस और कॉग्निटिव कंप्यूटिंग पर केंद्रित हो रहा है। आर्टिफिशियल इंटेलिजेंस पर आधारित सॉफ्टवेयर बनाने की लागत सस्ती हो रही है और तेजी से विकास के तरीकों को अपनाने के कारण सॉफ्टवेयर समाधान कम समय में आसानी से उपलब्ध हैं। और सभी क्लाउड प्रदाताओं

द्वारा प्रदान किए गए विशाल लचीलेपन के साथ, चीजें अब बहुत सस्ती और आसान हो गई हैं।

जैसे जैसे आर्टिफिशियल इंटेलिजेंस का बाजार बढ़ रहा है, ग्राहकों की उम्मीदें भी AI आधारित उत्पादों के प्रति बढ़ रही हैं। यद्यपि AI कई प्रकार के सोल्यूशन्स प्रदान करता है, लेकिन ज्यादातर बार यह एक सम्पूर्ण व्यावसायिक आवश्यकता के सारे पहलुओं के लिए सोल्युशन देने में असमर्थ होता है। इसलिए, IT सर्विस कंपनियों में से ज्यादातर ने उपलब्ध AI सोल्यूशन्स में से सर्वश्रेष्ठ को चुन कर कस्टमाइज्ड सोल्यूशन्स बनाने की रणनीति बनाई है। इस प्रकार के कस्टमाइज्ड सोल्यूशन्स को जोड़कर एक बड़ी व्यावसायिक आवश्यकता का सम्पूर्ण समाधान प्रदान किया जाता है, जो कि एकल उपलब्ध सोल्यूशन के द्वारा संभव नहीं है।

अपनी कुशल सॉफ्टवेयर विकसित करने की क्षमता के साथ, स्टार्टअप कम्पनियाँ बड़ी टेक्नोलॉजी कंपनियों को भारी चुनौती दे रही हैं। स्टार्टअप कम्पनियाँ युवा जोश के साथ दुनिया में नए विचारों को लाने के लिए इनोवेटिव सोच को प्रोत्साहित करती हैं। स्टार्टअप्स, अनुसंधान और विकास करने और नए सोल्यूशन्स लाने के लिए अपने कर्मचारियों को खुली छूट देते हैं, जिससे IT उद्योग में सदैव उत्साह बना रहता है।

स्टार्टअप कंपनियां ऐसी संस्कृति का पालन करती हैं जहां चीजें तेजी से आगे बढ़ती हैं। वे ऐसी अनावश्यक प्रक्रियाओं का पालन नहीं करती हैं जो चीजों को धीमा कर दें और स्टार्टअप को दौड़ से बाहर कर दें। स्टार्टअप्स को यह अच्छी तरह से पता है कि केवल वही अभिनव समाधान उनके लिए फायदेमंद होंगें जो उद्योग में चर्चा पैदा करेंगे। दूसरी ओर, बड़ी कंपनियां एक अलग प्रक्रिया का पालन करती हैं, और वे उन चीजों को प्राप्त करना चाहती हैं जो संख्या में विशाल हैं। IT कंपनियों की तुलना में स्टार्टअप कंपनियां अलग प्रक्रिया अपनाती हैं।

Microsoft, IBM, Google जैसी कई दिग्गज कंपनियां, अब आपस में प्रतिस्पर्धा करने के बजाय, AI क्षेत्र में स्टार्टअप्स के साथ प्रतिस्पर्धा कर रही हैं। स्टार्टअप कंपनियों के आकर्षक व्यावसायिक मॉडल के कारण विशाल IT कंपनियां हमेशा समस्या का सामना करती हैं। वे अपने अत्यधिक लाभदायक व्यवसाय से समझौता नहीं करना चाहतीं हैं क्योंकि वे बाज़ार में ऐसा कोई बदलाव नहीं लाना चाहतीं जो उनके दीर्घकालिक व्यापार लक्ष्य के विरुद्ध

जाए। लेकिन स्टार्टअप हमेशा बाजार में नए विचारों को आगे बढ़ाते रहते हैं जिसके माध्यम से वे बाजार में उभर कर सामने आ पाएं।

हालांकि स्टार्टअप्स के पास सीमित धन और संसाधन हैं, लेकिन उन्होंने अपनी आर्टिफिशियल इंटेलिजेंस बौद्धिक सम्पदा और Innovation का प्रभावी रूप से उपयोग किया है और इससे दिग्गज कंपनियों और स्टार्टअप्स के बीच लड़ाई शुरू हो गई है। आर्टिफिशियल इंटेलिजेंस से जुड़ी कंपनियों ने काफी फंड जुटाया है । वर्ष 2015 में, फंडिंग को 1.2 बिलियन डॉलर तक बढ़ाया गया था।

यहां कुछ प्रसिद्ध नवीनतम स्टार्टअप्स का विवरण दिया जा रहा है जो IT दिग्गजों के साथ प्रतिस्पर्धा कर रहे हैं।

Darktrace

यह कुछ केम्ब्रिज स्नातकों द्वारा शुरू किया गया एक सुरक्षा स्टार्टअप है। इनके द्वारा विकसित सॉफ्टवेयर, साइबर अपराध का पता लगाने और साइबर अपराधियों को पकड़ने के लिए मशीन लर्निंग एल्गोरिदम का उपयोग करता है। इन्होनें अपने स्टार्टअप के लिए 825 मिलियन डॉलर जुटाए हैं।

Benevolent AI

इस स्टार्टअप की स्थापना 2013 में हुई थी और यह आर्टिफिशियल इंटेलिजेंस और मशीन लर्निंग पर केंद्रित है। इनका उत्पाद आसानी से खुद के एल्गोरिदम का उपयोग करके डेटा संबंधी पूछताछ कर सकता है और स्वास्थ्य और दवा विकास के क्षेत्र में सार्थक अंतर्दृष्टि प्रदान कर सकता है। यह सर्वश्रेष्ठ वित्त पोषित AI स्टार्टअप में से एक है, क्योंकि वे अपने निवेश के लिए 72 मिलियन डॉलर प्राप्त करने में सफल रहे हैं।

Diffblue

Diffblue ने सॉफ्टवेयर में बग को स्पॉट करने के लिए AI सॉफ्टवेयर डिजाइन किया है। दूसरे शब्दों में, उन्होंने ऐसा सॉफ्टवेयर तैयार किया है जो अन्य कंप्यूटर सॉफ्टवेयर को डिजाइन करता है या सुधारता है। इन्होंने अपने स्टार्टअप के लिए 22 मिलियन डॉलर जुटाए हैं।

बाजार में बने रहने के लिए तथा इस तथ्य को महसूस करते हुए कि स्टार्टअप कंपनियों द्वारा पेश किए गए उत्पाद वास्तव में बेहतर और इनोवेटिव हैं, दिग्गज आई.टी. कंपनियां अब अपने पैसे की ताकत से स्टार्टअप कंपनियों को खरीद रही हैं।

टेक दिग्गज Apple, Google और Microsoft स्टार्टअप्स को खरीदने के लिए बहुत पैसा खर्च कर रहे हैं। Google ने DeepMind स्टार्टअप को 400 मिलियन डॉलर की रिकॉर्ड फीस पर खरीदा है। Microsoft ने SwiftKey और APPLE ने VocalIQ को खरीदा है।

AI अब बड़ी टेक्नोलॉजी फर्मों के खिलाफ प्रतिस्पर्धा करने के लिए बाजार में स्टार्टअप के लिए एक बड़ी भूमिका निभा रहा है। इस प्रवृत्ति के साथ, विभिन्न प्रमुख तकनीकी संस्थानों और तकनीकी विशेषज्ञता और रचनात्मकता वाले विश्वविद्यालयों से निकले आर्टिफिशियल इंटेलिजेंस क्षेत्र के कई प्रमुख विद्वानों ने अपने स्वयं के स्टार्टअप स्थापित किये हैं और अपने बेहतर AI उत्पाद बनाना शुरू कर दिया है।

छोटी से लेकर बड़ी IT सेवा कंपनियां भी आर्टिफिशियल इंटेलिजेंस की दौड़ में हैं। वे आर्टिफिशियल इंटेलिजेंस को सॉफ्टवेयर सर्विस, डिफरेंटर और वैल्यू ऐड के रूप में अपने ग्राहकों तक पहुंचाने की कोशिश कर रहे हैं। इनमें से प्रत्येक कंपनी दावा कर रही है कि उन्हें अपने आउट-ऑफ-द-बॉक्स AI समाधान मिले हैं, जो कि विभिन्न क्षेत्रों में उनके ग्राहकों के लिए गेम चेंजर साबित हो सकते हैं।

लेकिन AI बाजार में इस प्रतिस्पर्धा में आगे रहने के लिए किसी भी कंपनी (चाहे छोटी या बड़ी हो, स्टार्टअप या उम्रदराज हो) की आउट-ऑफ-द-बॉक्स बौद्धिक संपदा और इनोवेटिव समाधान ही सबसे महत्वपूर्ण भूमिका निभाने वाले हैं।

अध्याय 9

CIOs और CTOs की प्राथमिकताओं में आर्टिफिशियल इंटेलिजेंस

आर्टिफिशियल इंटेलिजेंस (AI) का शीतकाल अब खत्म हो चुका है, चीफ इन्फोर्मेशन ऑफिसर्स (CIOs) और चीफ टेक्नोलॉजी ऑफिसर्स (CTOs) अपनी लघुकालिक और दीर्घकालिक रणनीतियों में AI को सबसे ऊपर रखने के लिए तैयार हैं।

आर्टिफिशियल इंटेलिजेंस के ऐतिहासिक अवलोकन में, AI के शोध में कम रूचि और कम धन के निवेश के कालखंड को AI शीतकाल के रूप में जाना जाता है। इस शब्द को न्यूक्लियर शीतकाल के विचार के अनुरूप जन्म दिया गया था। तब से, इसने रोलर कोस्टर यात्रा जारी रखी है जिसमें निराशा, आलोचना, फंडिंग में कटौती, नए सिरे से रूचि जागना इत्यादि शामिल हैं।

आर्टिफिशियल इंटेलिजेंस आज सभी उद्योगों के लिए एक ताजा विषय है, चाहे वह IT, बैंकिंग और वित्त, विनिर्माण, स्वास्थ्य सेवा और जीवन विज्ञान, खुदरा, ग्राहक सेवा, शिक्षा, परिवहन क्षेत्र हों या कोई अन्य क्षेत्र हो। यह विषय किसी भी संगठन के चीफ टेक्नोलॉजी ऑफिसर (CTO) और चीफ इनफार्मेशन ऑफिसर (CIO) के लिए सर्वोच्च प्राथमिकता बन गया है। इसने सभी प्रमुख उद्योगों में कई व्यावसायिक समस्याओं को हल किया है।

फोर्ब्स द्वारा किए गए एक शोध के अनुसार, वर्ष 2035 तक AI लगभग 20 से अधिक देशों में आर्थिक विकास दर को दोगुना कर देगा। यह आने वाले वर्षों में श्रम उत्पादकता में लगभग 40% की महत्वपूर्ण वृद्धि भी लाएगा। AI की इस अत्यधिक मांग की वित्तीय संस्थानों में उल्लेखनीय भागीदारी है, विशेष रूप से वित्तीय संस्थानों के अपने वित्तीय कार्यों को AI ऍप्लिकेशन्स से करने के लिए।

ऐसे कई कारण हैं जो आर्टिफिशियल इंटेलिजेंस के उपयोग में आ रही तेजी में महत्वपूर्ण भूमिका निभा रहे हैं, इन कारणों में शामिल हैं कंप्यूटिंग शक्ति का विस्तृत वितरण, डेटा स्टोरेज की लागत में भारी कमी, और ओपनसोर्स फ्रेमवर्क का भरपूर प्रचार।

हालिया वर्षों में, आर्टिफिशियल इंटेलिजेंस बैंकिंग उद्योग के लिए अत्यधिक महत्वपूर्ण साबित हुआ है। इस क्षेत्र में जो संगठन काम कर रहे हैं, उन्हें एक विकसित फर्म के रूप में अपनी स्थिरता बढ़ाने के लिए अपने प्रतिस्पर्धियों के बराबर होने की आवश्यकता है। बैंकिंग क्षेत्र में कई अदभुत आर्टिफिशियल इंटेलिजेंस एप्लिकेशन काम कर रहे हैं जो बैंकों के वित्तीय कार्यों में आमूलचूल परिवर्तन लाने की भरपूर संभावना रखते हैं। इनमें से कुछ हैं:-

- Anti Money Laundering (AML) Pattern Detection
- Chatbots
- Algorithm Trading
- Fraud Detection
- Customer Recommendations

बीसवीं सदी के पहले दशक में, श्रमिकों की एक पूरी पंक्ति अपनी रोजी-रोटी कमाने के लिए एक उत्पाद के विभिन्न अवयवों को जोड़ने के काम (जो कि बार बार दोहराए जाने वाला काम है) के लिए दिन भर खड़ी रहती थी। लेकिन आज, मैन्युफैक्चरिंग (विनिर्माण) उद्योग ने अपने बचाव और विकास के लिए AI का उपयोग करके अपनी सफलता के चरण में प्रवेश करने के लिए सारी सीमाएं लांघ ली हैं। उदाहरणार्थ, मान लीजिए विमानन से जुड़े उत्पादों का निर्माण करने वाले एक विमान कारखाने में किसी अवयव में एक त्रुटि का पता चलता है। अवयव और त्रुटि से जुड़ा डेटा तुरंत क्लाउड कंप्यूटर को प्रेषित कर दिया जाता है और दोषपूर्ण अवयव को तुरंत बदल दिया जाता है। न केवल यह एक व्यावहारिक और एक स्थिर दृष्टिकोण है, बल्कि निर्माताओं के लिए लागत बचत भी है। निर्माण प्रक्रियाओं में आर्टिफिशियल इंटेलिजेंस के अनुप्रयोग के लिए

आवश्यक मूलभूत तकनीकों और Innovations की एक विशेष संख्या की आवश्यकता होती है। एक नेटवर्क्ड फैक्टरी को स्मार्ट माना जाता है, जिसमें आपूर्ति श्रृंखला, उत्पादन लाइन और गुणवत्ता नियंत्रण जैसे विभिन्न व्यावसायिक कार्यों के डेटा को एक बहुत सुसंगत और बौद्धिक डिजाइन का इंजन बनाने के लिए जोड़ा जाता है, इस पूरी इस पूरी प्रक्रिया में आर्टिफिशियल इंटेलिजेंस एक प्रमुख भूमिका निभाता है।

कानून के क्षेत्र में अब घंटे के हिसाब से कीमत वसूलने वाली बहुराष्ट्रीय कानूनी फर्मों की जरूरत नहीं रह जाएगी, क्योंकि AI सबसे कुशल तरीके से कम समय में कानूनी दस्तावेजों के संक्षिप्तीकरण और प्रलेखन की बाधाओं को हल करता है। मानव जिन कानूनी प्रक्रियाओं को कुछ दिनों में कर पाता है, AI उन प्रक्रियाओं को बिना किसी त्रुटि के मिनटों में पूरा कर देगा।

मीडिया और मनोरंजन के क्षेत्र में हालाँकि AI के अनुप्रयोग अभी इतने परिपक्व नहीं हुए हैं लेकिन वह समय ज्यादा दूर नहीं है जब AI इस पूरे उद्योग पर कब्जा कर लेगा।आज AI, मीडिया व्यवसाय को आकार देने में शामिल सबसे महत्वपूर्ण तकनीकी कारक है। परंपरागत रूप से मीडिया कंपनियों के बीच प्रतिस्पर्धी अंतर के दो केंद्र बिंदु थे: कंटेंट (सामग्री) और डिस्ट्रीब्यूशन (वितरण)। लेकिन आज इंटरनेट के कारण, हर किसी की पहुंच हर तरह के कंटेंट तक है और हर कोई व्यापक रूप से अपनी सामग्री वितरित कर सकता है। इसलिए, वितरण के प्रतिस्पर्धात्मक लाभ का स्थान प्रासंगिकता नामक नए लाभ ने बदल दिया गया है। आर्टिफिशियल इंटेलिजेंस द्वारा कंटेंट की प्रासंगिकता बड़ी आसानी से तय की जा सकती है जिसका बड़ा लाभ AI का इस्तेमाल करने वाली मीडिया फर्म को मिलता है।

स्वास्थ्य देखभाल के क्षेत्र में आर्टिफिशियल इंटेलिजेंस एक पुरानी अवधारणा नहीं है। डॉक्टरों की सहायता करने, मृत्यु दर को कम करने और एक सटीक निदान प्रदान करने के लिए AI का भरपूर उपयोग इस क्षेत्र में किया जा रहा है। हालाँकि AI कभी भी अस्पताल में एक मानव चिकित्सक की जगह नहीं ले सकता है, लेकिन चिकित्सीय रोबोट्स का उपयोग मानव चिकित्सकों की मदद करने और उन त्रुटियों को कम करने में किया जाता हैं जो मानवी थकावट और मस्तिष्क की थकान का परिणाम होती हैं।

इसके अलावा, चालक रहित कारें या आपसे बात करने वाली कारें अब केवल Sci-Fi फिल्मों की बात नहीं रह गई हैं। यह आज की बेहद चौंकाने वाली

हकीकत है जहां ड्राइविंग सीट पर किसी के न होने पर भी कार अपने रास्ते पर चलती रहती हैं। अब वह समय आ गया है जब आप अपनी कार में बैठ कर आराम कर सकते हैं क्योंकि आपकी कार खुद आपको गंतव्य तक ले जाएगी और यह सब आर्टिफिशियल इंटेलिजेंस की बदौलत हासिल किया गया है।

दुनिया की तकनीकी दिग्गज कंपनियां विभिन्न उद्योगों में पेश करने के लिए सबसे बेहतर आर्टिफिशियल इंटेलिजेंस को हासिल करने की होड़ में शामिल हैं।

IBM Watson के लॉन्च के साथ ही, Google के API.ai (डायलॉग फ्लो) के आगमन और Microsoft Cortana के मार्ग प्रशस्तीकरण के साथ आर्टिफिशियल इंटेलिजेंस पूरी दुनिया के लिए बड़े पैमाने पर अवसर पैदा कर रहा है। विश्व स्तर के ये सभी प्रसिद्ध नाम AI के क्षेत्र में तकनीकी प्रगति के इस खेल में एक दूसरे से आगे निकलने के लिए संघर्ष कर रहे हैं। यह माना जा रहा है कि अगर कोई ऐसा उद्योग है जहां आर्टिफिशियल इंटेलिजेंस अपने असली रंग में काम कर सकता है, तो यह संचार और सूचना प्रौद्योगिकी उद्योग है। नित नव अध्ययनों और शोध के प्रवाह को निरंतर अपग्रेड्स के अनुरूप बनाने के लिए, बाजार में आने वाले हर नए सॉफ्टवेयर या हार्डवेयर को एक नए विचार से उपजा होना चाहिए। आर्टिफिशियल इंटेलिजेंस आज वही विचार बन गया है।

इस प्रकार यह तथ्य कि AI शीतकाल एक बाधा के रूप में मौजूद था, अब विलुप्त हो गया है। शीतकाल की अवधि आखिरकार खत्म हो गई है। और हर उद्योग ने आर्टिफिशियल इंटेलिजेंस के निवेश में कदम रखा है जो उद्योग को आगे बढ़ाने में मदद करेगा। साथ ही आर्टिफिशियल इंटेलिजेंस के अनुप्रयोग से मानव को सहायता प्रदान करने की कोशिशों ने सारी सीमाएं पार कर दी हैं। चाहे आईटी उद्योग हो या विनिर्माण, खुदरा, स्वास्थ्य देखभाल, या कोई भी अन्य उद्योग, अब हर कोई आर्टिफिशियल इंटेलिजेंस के उपयोगों के बारे में सोच सकता है और दुनिया को बेहतर तरीके से बदल सकता है!

अध्याय 10
खेल क्षेत्र में आर्टिफिशियल इंटेलिजेंस

फुटबॉल खेल, जो कि अमेरिका में सॉकर के रूप में जाना जाता है, एक खेल के रूप में हमेशा खेल प्रेमियों और दुनिया भर में आम लोगों के बीच आकर्षण और उत्साह का केंद्र रहा है। हालांकि कुछ अन्य खेलों ने पिछले कुछ दशकों में विभिन्न उपमहाद्वीपों में खासी लोकप्रियता हासिल की है लेकिन उनमें से किसी भी खेल ने अतीत या वर्तमान में फुटबॉल की लोकप्रियता को चुनौती देने की हिम्मत नहीं की है। वास्तव में, फुटबॉल और फुटबॉलर्स दोनों की लोकप्रियता और आकर्षण पिछले कुछ दशकों में विशालकाय प्लेटफॉर्म्स (जैसे कि फीफा द्वारा आयोजित फुटबॉल विश्व कप और स्वतंत्र एवं समृद्ध क्लबों का फुटबॉल खेल को समर्थन) के आगमन से साथ तेजी से बढ़े हैं।

आज फुटबॉल विश्व कप जैसे बड़े कार्यक्रम की मेजबानी करना किसी भी देश के लिए गरिमा और प्रतिष्ठा का प्रतीक बन गया है और इससे जुड़े पर्यटन और व्यापार के अवसरों का भरपूर लाभ उठाया जा रहा है। इस तरह के आयोजनों की पृष्ठभूमि में कोई भी देश अपने बुनियादी ढांचे की ताकत का प्रदर्शन कर सकता है और विदेशी पर्यटकों और निवेशकों को आकर्षित कर सकता है और इस तरह की मेजबानी करके व्यापार के बड़े अवसर पैदा कर सकता है।

दुनिया भर के सर्वकालिक महान फुटबॉलर्स को उनके करियर के चरम पर और उनके पूरे जीवनकाल में विशाल प्रशंसक समूह, ग्लैमर, धन की प्रचुरता और विवादों का साथ मिलता रहा है। वे हमेशा दुनिया भर के युवाओं के लिए स्टाइल आइकन और रोल मॉडल रहे हैं। आपको यह जानकर आश्चर्य होगा कि दुनिया में ऐसे देश भी मौजूद हैं जहां दस में से छह बच्चे एक फुटबॉलर बनना चाहते हैं, यह स्थिति उन विकासशील देशों के विपरीत हैं जहां के बच्चों का आम सपना डॉक्टर या इंजीनियर बनना है। इससे आप फुटबॉल और फुटबॉल खिलाड़ियों के प्रति दीवानगी का अंदाजा लगा सकते हैं और दुनिया भर में फुटबॉल विश्व कप की लोकप्रियता के बारे में शायद ही कोई अतिशयोक्ति हो।

सर्वेक्षण बताते हैं कि फुटबॉल एकमात्र ऐसा खेल है जो सभी आयु समूहों के बीच समान रूप से लोकप्रिय है और पुरुष तथा महिला आबादी द्वारा समान रूप से पसंद किया जाता है, चाहे वे अमीर हों या गरीब हों।

समय-समय पर विभिन्न इनडोर और आउटडोर खेलों में उन्नत उपकरणों और अत्याधुनिक तकनीकों के उपयोग का एक लंबा इतिहास रहा है, लेकिन विभिन्न महत्वपूर्ण निर्णय लेने के उद्देश्य से फुटबॉल जैसे आउटडोर खेल में आर्टिफिशियल इंटेलिजेंस का लाभ उठाना संभवतः अपनी तरह का पहला उदहारण है।

विभिन्न खेलों में उपयोग की गई AI तकनीकें

आइए देखें कि अन्य खेलों में किन अत्याधुनिक AI तकनीकों और उपकरणों का उपयोग हो रहा है।

Decision Review System (DRS) या Umpire Decision Review System (UDRS) क्रिकेट में इस्तेमाल की जाने वाली ऐसी तकनीक है जो मैच अधिकारियों को ऐसी स्थिति में उनकी निर्णय प्रक्रिया में मदद करने के लिए इस्तेमाल की जाती है जब अंपायर द्वारा लिए गए निर्णय को चुनौती दी गई हो। DRS में उपयोग की जाने वाली कुछ उन्नत तकनीकें Hawk Eye या Virtual Eye हैं, जो एक बॉल ट्रैकिंग तकनीक है। यह तकनीक एक गेंद की डिलीवरी की ट्रजेक्टरी (प्रक्षेपण पथ) को यह अनुमान लगाने के लिए प्लाट करती है कि क्या यह गेंद स्टंप्स को हिट करेगी, हालाँकि गेंद को बल्लेबाज़ या उसके पैड्स द्वारा बाधित किया गया है।

Snickometer या Ultra-Edge का उपयोग क्रिकेट मैच के दौरान यह पहचानने के लिए किया जाता है कि क्या गेंद बल्ले या पैड से टकराई है। Hot Spot भी एक ऐसी ही उन्नत तकनीक है जो इंफ्रारेड इमेजिंग सिस्टम का फायदा उठाती है। इसके अलावा, Television Replay और Slow Motion Videos जैसी तकनीकों का उपयोग क्रिकेट मैचों में बहुत समय से किया जा रहा है।

वर्ष 2011 के विंबलडन टेनिस ग्रैंड स्लैम टूर्नामेंट में IBMs Point Stream तकनीक द्वारा संचालित ऑनलाइन स्कोरबोर्ड का पहली बार उपयोग किया गया था। यह स्कोरबोर्ड एक विशेष खिलाड़ी के एक विशेष सेट में खेलने के तरीके के समझकर दूसरे खिलाड़ी पर जीतने की संभावनाओं की भविष्यवाणी करता था। अब IBM Watson Cognitive Services के माध्यम से यह कार्य किया जाता है। इसी तरह, Radar Gun का उपयोग टेनिस खिलाड़ी की सर्विस की गति को मापने के लिए किया जाता है। Radar Gun डॉपलर प्रभाव के सिद्धांत पर काम करती है।

बॉक्सिंग खेल में फ्रेंच स्पोर्ट्स रोबोटिक्स स्टार्टअप कंपनी PIQ ने विश्व का पहला AI-powered wearable robot (पहनने योग्य रोबोट) विकसित किया है जो बॉक्सिंग खिलाडी के खेल विश्लेषण के लिए मशीन लर्निंग प्लेटफॉर्म GAIA Intelligence का उपयोग करता है। यह प्लेटफ़ॉर्म खिलाड़ी के वर्कआउट और प्रशिक्षण की दक्षता को अधिकतम करने के लिए **खिलाड़ी के बॉक्सिंग मूवमेंट्स की सूक्ष्मतम तब्दीली** को ट्रैक करने और विश्लेषण करने में सक्षम होता है।

भारत में स्थित Boltt Sports Technologies ने अपने AI-संचालित wearable products के साथ अंतरराष्ट्रीय बाजार में कदम रखा है, इन प्रोडक्ट्स में Connected Sneakers, Fitness Trackers और Stride Sensors शामिल हैं।

इसी तरह, National Basketball Association (NBA) में, Kings Artificial Intelligence (KAI) नामक चैटबॉट प्रस्तुत किया गया है, जो फेसबुक मैसेंजर प्लेटफॉर्म के माध्यम से प्रशंसकों के सवालों के जवाब देने का काम करता है।

उपरोक्त उदाहरण विभिन्न खेलों में AI और अन्य प्रौद्योगिकियों के अनुप्रयोगों की कुछ झलकियाँ मात्र हैं, इस तरह के अनुप्रयोगों की सम्पूर्ण सूची इस अध्याय को एक पूरी पुस्तक में बदल देगी।

फुटबॉल में और विशेष रूप से फीफा विश्व कप 2018 में इस्तेमाल की जाने वाली AI और अन्य अत्याधुनिक तकनीकें निम्नानुसार हैं:

- Goal Line Technology (GLT) द्वारा Video Refereeing के माध्यम से यह पता लगाया जा सकता है कि गेंद ने गोल रेखा को पार किया या नहीं। मानवी आँखों द्वारा स्थिति और रुकावट की बाधाओं के कारण यह पता नहीं लगाया जा सकता है। GLT एक उन्नत और AI-powered तकनीक है और पिछले कुछ वर्षों में इसने अपनी महत्ता साबित की है।
- Goal Decisive System (GDS) एक विशेष सॉकर बॉल है जिसका आविष्कार एक जर्मन कंपनी Cairos Technology द्वारा Adidas के सहयोग किया गया है। इस तकनीक द्वारा फुटबॉल के अंदर स्थापित माइक्रोचिप एक बीप साउंड को रेफरी के हेडसेट में भेजती है ताकि रेफरी यह निर्णय ले सके कि गेंद ने गोल रेखा को पार किया या नहीं।

फीफा विश्व कप 2014 में, Brazuca नाम की एक तकनीकी रूप से उन्नत बॉल को पेश किया गया था। इसमें लेटेक्स ब्लैडर और अन्य कई प्रभावशाली विशेषताएं थीं जिसने इसे उस समय फुटबॉल के इतिहास में सबसे वैज्ञानिक रूप से सही बॉल बना दिया था।

फीफा विश्व कप 2018 में उपयोग की जाने वाली Telstar बॉल में AI-powered Near Field Communication (NFC) चिप भी शामिल है जो उपभोक्ताओं को अपने स्मार्टफोन द्वारा बॉल के साथ बातचीत करने में सक्षम बनाती है और आयोजकों को कई अघोषित उन्नत सुविधाओं का उपयोग करने में मदद करती है। क्या यह आश्चर्यजनक नहीं है?

Footbonaut एक उन्नत तकनीक है जो फुटबॉल खिलाड़ियों को सिमुलेटेड वातावरण में बॉल पर नियंत्रण रखने और बॉल को दूसरे खिलाडियों को पास करने के लिए प्रशिक्षित करने में मदद करती है। हालांकि Footbonaut के साथ प्रशिक्षण लागत काफी ज्यादा है, लेकिन इस तकनीक की प्रभावशीलता बहुत महत्वपूर्ण साबित हुई है। यह कहा जाता है कि Footbonaut का उपयोग करते हुए लिए गए प्रशिक्षण का एक सत्र, फुटबॉल ग्राउंड में कई हफ्तों के कठोर प्रशिक्षण के बराबर है।

एस्ट्रोटर्फ मैदान फुटबॉल खेलने के लिए अद्त हैं और इनका उपयोग किसी भी मौसम में किया जा सकता है। इन मैदानों में मूल रूप से घांस-जैसे प्लास्टिक

के ब्लेड्स होते हैं जो छोटी, रबर जैसी छीलन से भरे होते हैं। हालांकि ऐसे मैदानों का निर्माण करने के पीछे कोई रॉकेट साइंस नहीं है, लेकिन इस तरह के मौसम प्रतिरोधी फुटबॉल के मैदानों के निर्माण के लिए अनुसंधान की एक महत्वपूर्ण राशि का उपयोग किया गया है, जो कि सराहनीय है।

कंप्यूटर विजन, आर्टिफिशियल इंटेलिजेंस की एक शाखा है और न्यूरल नेटवर्क तकनीक का उपयोग करती है। इसका उपयोग फीफा विश्व कप फुटबॉल 2018 में बड़े पैमाने पर किया गया है, जिसमें स्वचालित वीडियो हाइलाइट्स, स्मार्ट टिकटिंग, कैमरों और उपकरणों का सूक्ष्मतम नियंत्रण और कई निर्णय लेने वाली ऍप्लिकेशन्स और सुरक्षा ऍप्लिकेशन्स शामिल हैं। फीफा विश्व कप फुटबॉल के इतिहास में ऐसा पहली बार हुआ है कि इतनी उन्नत AI तकनीकों का इतने बड़े पैमाने पर उपयोग किया गया हो।

फुटबॉल खेल में Video Assistant Referee (VAR) एक सहायक रेफरी का काम करता है है जो वीडियो फुटेज और वीडियो ऑपरेशन रूम (VOR) से जुड़े हेडसेट के जरिए हेड रेफरी द्वारा किए गए निर्णयों की समीक्षा करता है। वर्ष 2018 में, VARs को इंटरनेशनल फुटबॉल एसोसिएशन बोर्ड द्वारा खेल के नियमों में शामिल किया गया था। फीफा विश्व कप 2018 के साथ ही VAR प्रणाली की फुटबॉल विश्व कप में शुरुआत हुई और विश्व कप में पहला VAR निर्णय 16 जून 2018 को फ्रांस और ऑस्ट्रेलिया के बीच एक ग्रुप स्टेज के मैच में आया, जहां रेफरी एंड्रेस कुन्हा ने VAR के साथ परामर्श के बाद फ्रांस टीम पर जुर्माना लगाया। यकीनन VAR अब AI-असिस्टेड है, जो इसे तेज और बहुत अधिक कुशल बनाता है।

इस तरह के उन्नत AI उपकरण और AI तकनीकें केवल खेल मैदानों के अंदर ही नहीं देखी जाती हैं, बल्कि खेल मैदानों के बाहर ऑटोमेटेड स्पोर्ट्स जर्नलिज्म, मार्केटिंग, प्रचार और स्पोर्ट्स रिटेल जैसे क्षेत्रों में भी प्रचलित हैं।

AI ने पारंपरिक स्पोर्ट्स जर्नलिज्म को एक नए युग की ओर अग्रसर किया है।AI एल्गोरिदम विभिन्न डेटा स्रोतों से पूछताछ कर सकता है और पारंपरिक स्पोर्ट्स जर्नलिज्म को काफी हद तक ऑटोमेट कर सकता है। कंप्यूटर विजन रेफरी Fox Sports ने AI और मशीन लर्निंग की क्षमता का दोहन करते हुए अपने ऐप और वेबसाइट के माध्यम से फीफा विश्व कप की हाइलाइट मशीन को वितरित करने का काम किया है। IBM Watson के सहयोग से यह हाइलाइट मशीन, फीफा वर्ल्ड कप आर्काइव में उपलब्ध वीडियो और फुटेज का विश्लेषण करती है और साथ ही डेटा भी निकालती है, जिससे उपयोगकर्ता

गोल, रेड कार्ड, और खिलाड़ियों आदि के बारे में सर्च कर सकते हैं। यह ऑडियो और वीडियो डेटा की भारी मात्रा का विश्लेषण करने और कैप्शन जनरेट करने में भी मदद करता है, जो गेम के उस विशेष दृश्य में क्या हो रहा है यह समझने में मदद करता है।

अब फुटबॉल जगत के विशेषज्ञों और आलोचकों के बीच सबसे बड़ा सवाल यह है कि क्या आर्टिफिशियल इंटेलिजेंस फुटबॉल मैच में मानव रेफरी की जगह ले सकता है? फ़िलहाल इसका जवाब "नहीं" है। ऐसा कम से कम तुरंत तो नहीं होने वाला है क्योंकि AI, अपने वर्तमान स्वरूप में, फुटबॉल मैदान में घटने वाली कई घटनाओं और मापदंडों को नहीं समझ पाता है जिनमे खिलाड़ियों से जुड़े कई भावनात्मक पहलू भी शामिल हैं जो कि रेफरी द्वारा कोई भी निर्णय लेने के लिए बहुत महत्वपूर्ण है। लेकिन इसी समय, साउथेम्प्टन विश्वविद्यालय के शोधकर्ताओं का एक समूह ऐसे आर्टिफिशियल इंटेलिजेंस एल्गोरिदम बना रहा है, जो इन व्यापक भावनात्मक पहलूओं को समझने में सक्षम होंगे और भविष्य में बेहतर निर्णय लेने में रेफरी की मदद करने में सक्षम होंगे।

यह अध्याय यह दर्शाता है कि आर्टिफिशियल इंटेलिजेंस क्रांति कैसे जीवन के दूसरे पहलूओं की तरह खेल जगत के स्वरुप को बदल रही है और कैसे हमारे खेल जगत में AI जैसी उन्नत तकनीकों का तेजी से प्रसार हो रहा है।

अध्याय 11

आर्टिफिशियल इंटेलिजेंस के उपयोग से एक देश को कैसे बदला जा सकता है?

आर्टिफिशियल इंटेलिजेंस (AI) को केवल एक ट्रेंड या एक चर्चित शब्द नहीं माना जाना चाहिए। कई क्षेत्रों में इसका उपयोग हमारी उम्मीदों से परे चला गया है और यह विभिन्न उद्योगों में जंगल की आग की तरह फैल गया है।

व्यावसायिक जगत ने इसे बड़े पैमाने पर अपनाया है और लगभग हर चीज़ को AI से एकीकृत करना शुरू कर दिया है। लेकिन हमारी सरकारों की (खासतौर पर विकासशील देशों की सरकारों की) इस बारे में क्या सोच है? आइए इस विषय पर विचार करते हैं कि कैसे विभिन्न सरकारी क्षेत्रों में आर्टिफिशियल इंटेलिजेंस को लागू करके किसी देश को बदला जा सकता है।

AI को नागरिकों के जीवन की गुणवत्ता में सुधार के लिए कैसे इस्तेमाल किया जा सकता है?

पूर्वानुमान बताते हैं कि हमारे जीवन के विभिन्न क्षेत्रों में आर्टिफिशियल इंटेलिजेंस के आगमन के बाद, हम लोग निरोगी और दीर्घायु जीवन जी सकेंगे। AI के उपयोग के द्वारा हमारे पास बेहतर और व्यक्तिगत स्वास्थ्य देखभाल, खाद्य उत्पादन के बेहतर तरीके तथा बेहतर रीसाइक्लिंग तकनीकें और तरीके होंगे।

AI कई दैनिक बारम्बार दोहराए जाने वाले कार्यों को समाप्त कर देगा और इससे मनुष्यों को रोजमर्रा के जीवन में वास्तविक उत्पादक कार्यों के लिए समय मिलेगा।

ग्रामीण क्षेत्रों को AI की कितनी आवश्यकता है?

AI के उपयोग से ग्रामीण स्वास्थ्य सेवाओं और शिक्षा का स्वरुप बदला जा सकता है। कई देशों ने अपने ग्रामीण क्षेत्रों में पहले से ही AI के द्वारा पढ़ाई करवाने की दिशा में काम शुरू कर दिया है। भारत और कई अन्य विकासशील देशों के ग्रामीण क्षेत्रों में AI सिस्टम द्वारा Good Health for All की अवधारणा के क्रियान्वयन से पहले व्यक्तिगत स्वास्थ्य संबंधी सलाह देने की सेवाओं का पदार्पण अभी एक दूर की कौड़ी लाने जैसा है।

हमें अपने किसानों को AI द्वारा सशक्त बनाने की आवश्यकता क्यों है?

कई क्षेत्रों के उद्योग इस बात में रुचि रखते हैं कि प्रौद्योगिकी उनके व्यवसाय करने के तरीकों को कैसे बदल सकती है और उत्पादन दर में कैसे सुधार कर सकती है। आधुनिक कृषि क्षेत्र इनमें से एक है। AI का उपयोग कर किसान यह निष्कर्ष निकल सकते हैं कि पानी, मिट्टी और अन्य कृषि संसाधनों को प्रभावी उपयोग किस तरह से किया जाए। उदाहरणार्थ, ग्रीन हाउस में लगे कैमरे फसलों की तुरंत तस्वीरें लेते है और AI एल्गोरिदम इन तस्वीरों का आकलन कर समस्याओं की पहचान करता है और निष्कर्ष प्रस्तुत करता है। टेक्नोलॉजी कंपनियों के लिए AI एक मुख्य परिसंपत्ति बन गया है, लेकिन कृषि में AI के अनुप्रयोगों का भारत जैसे विकासशील देशों में जोरशोर से प्रयोग किया जाना है क्यूँकि इन देशों के किसान AI जैसी नई तकनीकों से अपरिचित हैं और अपनी फसलों को एक कंप्यूटर प्रणाली के तहत रखने में संकोच करते हैं।

AI स्वास्थ्य सेवाओं को कैसे बदल सकती है?

विकसित देशों के लगभग चालीस प्रतिशत अस्पताल अगले दो वर्षों में आर्टिफिशियल इंटेलिजेंस का भरपूर लाभ उठाने जा रहे हैं। स्वास्थ्य क्षेत्र से जुडी जो कंपनियाँ पहले से ही आर्टिफिशियल इंटेलिजेंस का उपयोग कर रही

हैं, उनके सामने एक आशाजनक भविष्य है। आर्टिफिशियल इंटेलिजेंस का सबसे अधिक प्रभाव रोगियों की जाँच, उपचार, और जन स्वास्थ्य पर पड़ रहा है। स्वास्थ्य सेवा क्षेत्र में AI के इन अनुप्रयोगों के अलावा, AI मेडिकल रिकॉर्ड सिस्टम के साथ तीव्रता से मदद करता है। इसके अलावा AI का उपयोग अस्पताल प्रबंधन, चिकित्सक वर्कफ़्लो और सिक्योरिटी सिस्टम द्वारा भी किया जाता है।

आर्टिफिशियल इंटेलिजेंस और शहरी यातायात नियंत्रण

एक AI सिस्टम की विशिष्ठ कार्यक्षमताओं में शामिल हैं डेटा संग्रह, डेटा विश्लेषण व व्याख्या, निर्णय और नियंत्रण। इन विशेषताओं से युक्त AI का उपयोग करने से ट्रैफिक इंजीनियरिंग क्षेत्र में आमूलचूल परिवर्तन आए हैं। इस तरह का AI प्रोग्राम यातायात प्रणालियों की जटिलताओं के लिए पूरी तरह से जिम्मेदार होता है और यातायात पुलिस के लिए बेहद अनुकूल होता है। यातायात क्षेत्र में AI के अनुप्रयोगों पर बहुत अधिक शोध चल रहा है। हालांकि हम Efficient Image Analysis तकनीक से अवगत हैं लेकिन कई विकसित देशों में ट्रैफ़िक नियंत्रण के क्षेत्र में Video Recognition के आधार पर निर्णय लेना प्रारम्भ हो चुका है। भारत जैसे विकासशील देशों को इस तरह की तकनीकों का लाभ न केवल मेट्रो शहरों में उठाना चाहिए, बल्कि उन छोटे शहरों और कस्बों में भी इन तकनीकों का उपयोग करना चाहिए जहां यातायात नियंत्रण बड़ी तेजी से असहनीय होता जा रहा है।

क्या आर्टिफिशियल इंटेलिजेंस ऊर्जा के भविष्य को आकार दे रहा है?

जबकि विभिन्न संसाधनों से ऊर्जा का उत्पादन मुश्किल है, इसे सही ढंग से एकीकृत कर पाना और भी ज्यादा चुनौतीपूर्ण है। एक देश में ऊर्जा की बढ़ती खपत के विपरीत ऊर्जा का उत्पादन बहुत कम हो सकता है या कम खपत होने पर भी उत्पादन बहुत अधिक हो सकता है। हर सरकार को देश में ऊर्जा की खपत के लचीलेपन को ध्यान में रखना जरूरी है। एक आर्टिफिशियल इंटेलिजेंस सिस्टम यह निर्धारित कर सकता है कि ऊर्जा की सबसे ज्यादा खपत कहां हो रही है, किन सेक्टरों को इसकी सबसे ज्यादा जरूरत है, इसका

क्या उपयोग किया जा रहा है और किस समय इसका उपयोग किया जा रहा है। इस तकनीक के उपयोग के बाद बिजली की मांग और आपूर्ति का प्रबंधन बहुत आसान हो जाएगा और कोई भी बिजली लाइन कभी भी बंद नहीं की जाएगी। हालांकि ऊर्जा की मांग लगातार बढ़ रही है, लेकिन पर्यावरण पर उद्योगों के प्रभाव को सीमित करने के लिए ऊर्जा तंत्र को AI सिस्टम द्वारा नियंत्रित करने की भी आवश्यकता है।

कानूनी उद्योगों में आर्टिफिशियल इंटेलिजेंस का आगमन

भारत जैसे विकासशील देशों में कानूनी पेशा शायद आज भी सबसे कम डिजीटलीकृत पेशा है, लेकिन अब वह समय आ गया है जब इस पेशे में आर्टिफिशियल इंटेलिजेंस क्षमताओं का उपयोग किया जाए। कानूनी शोध की प्रक्रिया में AI का उपयोग बढ़ता जा रहा है क्योंकि AI विशालकाय सूचनाओं और डाक्यूमेंट्स को कुछ सेकंड्स में ही पढ़ सकता है। वकीलों द्वारा डिजाइन किए गए legal contracts (कानूनी अनुबंधों) का विश्लेषण और विच्छेदन AI द्वारा बड़ी आसानी से किया जा सकता है। ये AI सिस्टम विशेष रूप से कानूनी पेशेवरों जैसे गैर-तकनीकी लोगों के लिए डिज़ाइन किए जाने चाहिएं।

शिक्षा क्षेत्र में आर्टिफिशियल इंटेलिजेंस कहाँ है?

AI शिक्षकों की मदद करेगा या उन्हें अप्रासंगिक बना देगा? AI कई तरीकों से कक्षा में प्रदान की जाने वाली शिक्षा को बढ़ाता है। AI का उपयोग शिक्षकों द्वारा काफी समय से प्लानिंग और ग्रेडिंग में किया जा रहा है। लेकिन अब personalization के द्वारा शिक्षा क्षेत्र में AI के उपयोग को अपग्रेड करने का समय आ गया है। शिक्षा प्रदान करते समय प्रत्येक छात्र पर व्यक्तिगत ध्यान देने की जरूरत होती है, चाहे वह संघर्षरत छात्र हो या सामान्य बुद्धि वाला छात्र हो या अति-बुद्धिमान छात्र हो। उनमें से हर एक को व्याख्यान को आत्मसात करना आसान नहीं लगता, इसलिए AI-आधारित एप्लिकेशन छात्रों की सीखने समझने की क्षमता में कमजोरियों को लक्षित करने के लिए डिज़ाइन किए गए हैं। इनमें से कई ऐप छात्रों के स्मार्टफोन में इंस्टॉल किए जा सकते हैं ताकि वे अपने दैनिक अध्ययन में AI की सहायता ले सकें।

महिला सशक्तिकरण और सुरक्षा में आर्टिफिशियल इंटेलिजेंस की भूमिका

Big Data और Cloud Computation की विशेषताओं के साथ आई आर्टिफिशियल इंटेलिजेंस क्रांति के साथ, महिला रोजगार दर में भारी वृद्धि होने की उम्मीद है। ऐसा इसलिए है क्योंकि AI सामाजिक और सांस्कृतिक मुद्दों के कारण महिलाओं के सामने आने वाली बाधाओं को कम करने में सक्षम होगा। Cloud Computing के कारण महिलाओं को अपना घर से काम करने वाली नौकरी मिल पाएगी या वे एक उद्यमी के रूप में भी आगे बढ़ सकती हैं। विकसित और विकासशील देशों में ये प्रौद्योगिकियाँ अच्छी तरह से उपयोग की जाएगी। साथ ही इनके द्वारा महिलाओं के सामाजिक और सामान्य कौशलों का स्तर बढ़ाया जा सकेगा। इस क्षेत्र में AI ट्यूटर का उपयोग किया जाएगा। इसका फायदा महिलाओं को उन क्षेत्रों में बुनियादी शिक्षा या उच्च शिक्षा या कौशल-आधारित शिक्षा तक सीधी पहुँच के द्वारा होगा। जहाँ उन्हें अपने घर से बाहर निकलने की अनुमति नहीं मिलती है या वे जिसका खर्च नहीं उठा सकती हैं।

शहर में घूमते समय, AI अनुप्रयोगों के कारण, महिलाएँ सुरक्षा और स्वतंत्रता का अनुभव कर सकती है। ऐसे उपकरण बनाए जा रहे हैं जो महिलाओं को किसी भी खतरनाक स्थिति से बाहर निकलने और किसी भी संभावित यौन हमले से बचने में मदद कर सकते हैं। उदाहरणार्थ, AI द्वारा संचालित wearable devices महिलाओं को आपात स्थितियों में अपने परिजनों, दोस्तों या संरक्षक नेटवर्क को सतर्क करने के लिए डिज़ाइन किए गए हैं। हम अपने शहरों और गांवों के लगभग हर नुक्कड़ पर महिला सुरक्षा की निगरानी के लिए कुछ अन्य अत्याधुनिक तकनीकों के साथ AI का कुशलता से लाभ उठा सकते हैं; यह कठिन है लेकिन पूरी तरह से मुमकिन है।

वन्यजीव और रोबोटिक्स

Voice Recognition से लेकर Language Detection तक, डीप लर्निंग के क्षेत्र में क्रांति आ रही है। डीप लर्निंग कंप्यूटर को एक उदाहरण से सीखने में सक्षम बनाता है। हाल ही में इस तकनीक का उपयोग वन्यजीव संरक्षण के लिए शुरू किया गया है और इस क्षेत्र में AI की अन्य अवधारणाओं के इस्तेमाल पर विचार किया जा रहा है। उदाहरणार्थ, हाथियों और गैंडों को

शिकारीयों से बचाने के लिए उच्च तकनीक वाले AI एल्गोरिदम से लैस हवाई उपकरण आकाश में छोड़े गए हैं। ये उपकरण special image recognition techniques का उपयोग करते हैं और घटनास्थल पर अपराधियों की पहचान करते हैं। वन्यजीवों की अधिकतम सुरक्षा के लिए इस तरह की कई निगरानियां रखी जा रही हैं।

नए जीवन की खोज के लिए आर्टिफिशियल इंटेलिजेंस

वैज्ञानिकों और शोधकर्ताओं ने माना है कि लाखों वर्षों पूर्व अस्तित्व में आने के बाद भी हम पृथ्वी पर मौजूद हर पौधे, जानवर या कीट की खोज नहीं कर पाए हैं। सभी प्रजातियों की अनुमानित संख्या एकत्र करने के लिए हमें 500 साल और इंतजार करना होगा। इस प्रक्रिया में उपयोग की जाने वाली मानव शक्ति और संसाधनों की मात्रा का उल्लेख करना मुश्किल है। लेकिन AI के उपयोग से इस काम को काफी आसान बनाया जा सकता है। AI उपकरणों को एक तालाब में डुबोया जा सकता है, एक जानवर के शरीर पर रखा जा सकता है, या हवा में लटकाया जा सकता है। मौजूदा AI एल्गोरिदम विभिन्न प्रकार के 5000 पौधों और जानवरों की प्रजातियों के बारे में बता सकते हैं। ये अज्ञात प्रजातियां पृथ्वी के पारिस्थितिकी तंत्र में अपना योगदान दे रही हैं और हम इसके बारे में जानते भी नहीं हैं। इनकी खोज करने और इनके बारे में तथ्य एकत्रित करने के बाद, हम उनकी प्रजनन क्षमता में सुधार करने और पर्यावरण पर उनके प्रभाव को बढ़ाने में सक्षम हो सकते हैं।

अध्याय 12

आर्टिफिशियल इंटेलीजेंस चैटबॉट की शक्ति को कम मत आंकिए

हममें से कई लोगों के लिए विभिन्न मौकों पर चैटबॉट से बातचीत करने का अनुभव शायद इतना आश्वस्त करने वाला नहीं था, हालाँकि इसकी मार्केटिंग पॉवर्ड बाय AI, स्मार्ट, इंटेलिजेंट, सेल्फ-लर्निंग, सेल्फ-एनरिचिंग और इसी तरह के अन्य आकर्षक जुमलों के साथ की जा रही है। इस तरह के अनुभवों के कारण बहुत से लोग पहले ही इस निष्कर्ष पर पहुँच चुके हैं कि चैटबॉट बिल्कुल भी बुद्धिमान नहीं हैं और पर्दे के पीछे, हार्ड-कोडेड लॉजिक्स का एक समूह बातचीत को सुविधाजनक बनाने के लिए काम कर रहा है, जो कुछ साल पहले कुछ मामलों के लिए आंशिक रूप से सच था। लेकिन आज कहानी थोड़ी अलग है, और हमें निष्पक्ष निष्कर्ष निकालने के लिए कहानी के दोनों पक्षों को समझने की आवश्यकता है। आइए, हम एक-एक करके इसके विभिन्न पहलुओं पर चर्चा करते हैं।

चैटबॉट लोकप्रिय होते जा रहे हैं और विभिन्न उद्योगों में इनके अंगीकरण में पिछले कुछ वर्षों में कई गुना वृद्धि हुई है। विशेषज्ञों और विश्लेषकों के अनुसार, भविष्य में चैटबॉट्स और वर्चुअल असिस्टेंट्स के लिए उन्माद जारी रहेगा और वे किसी भी व्यवसाय के लिए आंतरिक और बाहरी संस्थाओं के साथ बातचीत और सहयोग का प्राथमिक तरीका बन जाएंगें।

सबसे पहले, तकनीकी रूप से हम अभी तक परिपक्वता के उस स्तर पर नहीं पहुंचे हैं जिसमें एक चैटबॉट के साथ मानव जैसा संवादी अनुभव प्रदान किया जा सके; हालाँकि हममें से कई लोगों ने ऐसा अनुभव होने का दावा किया है। हम निश्चित रूप से बहुत तेज गति से ऐसी स्थिति हासिल करने की दिशा में आगे बढ़ रहे हैं, लेकिन अभी हम वहां नहीं पहुंचे हैं। चैटबोट प्लेटफ़ॉर्म प्रोवाइडर के रूप में, हमें बिना किसी कारण के ओवर-हाइपिंग करने के बजाय ग्राहकों के सामने उम्मीदों को सही स्वरुप में स्थापित करना चाहिए। हमें अभी भी उस अवस्था या इसके निकट आने में कुछ और वर्ष लगेंगें, जिसमें हमारे चैटबॉट्स अच्छी तरह से प्रशिक्षित कस्टमर सर्विस एजेंट जैसा संवादी अनुभव प्रदान करने में सक्षम होंगे। अब चीजें बेहतर हो रही हैं, परिपक्व हो रही हैं, और हर दिन नियमित रूप से स्थिर हो रही हैं, और हम उस अनुभव को पाने से ज्यादा दूर नहीं हैं जिसकी अपेक्षा हम इतने सालों से अपने चैटबॉट्स और वर्चुअल असिस्टेंट्स से कर रहे हैं। Google, Amazon और कई अन्य संगठन इस क्षेत्र में भारी निवेश कर रहे हैं क्योंकि उन्होंने आने वाले समय में इसके अनगिनत लाभों को महसूस किया है।

दूसरे, हालांकि अतीत में कई चैटबोट प्रोवाइडर्स ने दावा किया था कि उनके चैटबॉट एक मजबूत नेचुरल लैंग्वेज प्रोसेसिंग इंजन (एनएलपी इंजन) द्वारा संचालित हैं, लेकिन वास्तव में या तो ऐसे उत्पादों में एनएलपी इंजन बिल्कुल भी नहीं थे, या जिनके पास एनएलपी इंजन थे वे ग्राहकों संवाद के मानकों पर खरे नहीं उतारते थे। एक चैटबॉट का मूल आधार एनएलपी इंजन है और एनएलपी इंजन की तकनीकी परिपक्वता ही चैटबॉट की दक्षता तय करती है।

इस कहानी का दूसरा पक्ष यह है कि प्रत्येक संगठन अपने ग्राहकों या किसी आंतरिक/बाहरी संस्था के साथ नियंत्रित बातचीत करना चाहता है। आप इसे किसी भी मानव कस्टमर सर्विस एजेंट के उदहारण से समझ सकते हैं जिनके पास कुछ सौ वाक्यों से परे बोलने की स्वतंत्रता नहीं होती है। इसलिए, हमें इस तथ्य को भी समझने की आवश्यकता है कि कुछ ऐसी सीमाएँ और संदर्भ हैं, जिनसे आगे चैटबॉट के स्वायत्त होने की उम्मीद नहीं है। उदाहरण के लिए, डीप लर्निंग मॉडल द्वारा संचालित एक चैटबॉट (जिसे कुछ वर्षों के फेसबुक या ट्विटर जैसे सोशल मीडिया प्लेटफॉर्म के संवादी डेटा के साथ प्रशिक्षित किया गया हो) को व्यावसायिक वातावरण में तैनात नहीं किया जा सकता है क्योंकि यह संभवतः नियंत्रित सीमा को पार करने की कोशिश करेगा क्योंकि इसका प्रशिक्षण उस अप्रतिबंधित बातचीत के साथ हुआ है जो आमतौर पर सोशल मीडिया पर होती है। बल्कि ऐसे नाजुक वातावरण में एक चैटबॉट से

अपेक्षा की जाती है कि वह पूर्व निर्धारित सीमा (लक्ष्मण रेखा) को पार किए बिना बातचीत को एक सुखद अंत तक ले जाए। यहाँ, पूरी तरह से स्वायत्त और सुपर इंटेलीजेंट मानव-जैसा चैटबॉट शायद बहुत उपयोगी न हो। लेकिन आज के चैटबॉट्स और वर्चुअल असिस्टेंट कुछ साल पहले की तुलना में बेहतर हैं और मुझे यकीन है कि यदि आप एनएलपी इंजनों की प्रगति पर नजर रख रहे हैं, तो वे मुझसे सहमत होंगे। मानो या न मानो, हाल ही में मैं एक चैटबॉट के साथ बातचीत कर रहा था और यह आश्चर्यजनक रूप से बुद्धिमान था; लगभग 30 मिनट की बातचीत के बाद मैंने पाया कि वह चैटबॉट था और मानव एजेंट नहीं था।

दुर्भाग्य से, अब तक चैटबॉट्स और उनकी विशेषताओं की औद्योगिक बेंचमार्किंग और ग्रेडिंग पर बहुत अधिक काम नहीं हुआ है। आइए, आगे उन महत्वपूर्ण विशेषताओं की बात करते हैं जिनकी उम्मीद लगभग हर उद्योग और ग्राहक एक चैटबॉट से कर रहे हैं।

एक इंटेलिजेंट चैटबोट की विशेषताओं को मोटे तौर पर निम्नलिखित श्रेणियों में वर्गीकृत किया जा सकता है:-

- Conversational Maturity (संवादात्मक परिपक्वता)
- Handling Contact Center Functions (कांटेक्ट सेंटर के कार्यों का संचालन)
- Advanced Linguistic Features (उन्नत भाषाई विशेषताएं)
- Personalization Features (वैयक्तिकरण सुविधाएँ)
- Smart automation Features (स्मार्ट स्वचालन सुविधाएँ)
- Smart recognition Features (स्मार्ट पहचान सुविधाएँ)
- Co-Browsing Features (सह-ब्राउज़िंग सुविधाएँ)
- Emotionally Intelligent Features (भावनात्मक रूप से बुद्धिमान विशेषताएं)
- Omni-Capability (ओमनी-क्षमता)
- Accessibility Features (पहुँच सुविधाएँ)
- Integration Features (एकीकरण सुविधाएँ)
- Analytical Features (विश्लेषणात्मक विशेषताएं)

- Advanced Collaboration Features with AR/VR (एआर / वीआर के साथ उन्नत सहयोग सुविधाएँ)
- Hierarchical Features (पदानुक्रमित विशेषताएं)

संवादात्मक परिपक्वता

सबसे पहले, एक चैटबॉट को उपयोगकर्ता के साथ हो रही बातचीत को तार्किक अंत तक ले जाने की क्षमता होनी चाहिए। और यदि चैटबॉट ऐसा नहीं कर पा रहा हो, तो उसे इस बातचीत को मानव एजेंट को स्थानांतरित करने में सक्षम होना चाहिए ताकि उपयोगकर्ता के साथ बातचीत के अनुभव की निरंतरता बनी रहे।

साथ ही, चैटबॉट से उन मामलों में सर्विस रिक्वेस्ट दर्ज करने की अपेक्षा की जाती है जहां उपयोगकर्ता के अनुरोध के समाधान के लिए अधिक जांच और विशेषज्ञता की आवश्यकता होती है।

एक इंटेलीजेंट चैटबोट से यह अपेक्षा की जाती है कि वह उपयोगकर्ताओं के व्यक्तित्व के लक्षणों को समझ कर बातचीत के दौरान अपनी प्रतिक्रियाओं को तदनुसार परिवर्तित कर सके।

एक और महत्वपूर्ण विशेषता जो चैटबॉट से अपेक्षित है वह यह है कि, चैटबॉट बातचीत के दौरान ही उपयोगकर्ता से तुरंत फीडबैक लेने में सक्षम होना चाहिए, चाहे उपयोगकर्ता के अनुरोध को हल किया गया हो या नहीं।

संवादात्मक परिपक्वता की अन्य क्षमताओं के अंतर्गत चैटबॉट को यह भी समझना चाहिए कि उपयोगकर्ता कब वार्तालाप को पूरी तरह से अलग संदर्भ में दोबारा शुरू करना चाहता है। साथ ही, निर्बाध रूप से संवाद चलते रहने देने के लिए, सत्र समाप्त होने से पहले ही चैटबॉट द्वारा उपयोगकर्ता को इसका संकेत देना चाहिए।

लेकिन किसी भी इंटेलीजेंट चैटबॉट से अपेक्षित सबसे महत्वपूर्ण विशेषता है निरंतर सीखने रहने और आत्म-समृद्ध होते जाने की, जो कि तकनीकी रूप से थोड़ा मुश्किल है। लेकिन फीडबैक लर्निंग, डोमेन शब्दावली को बनाए रखना और नए शब्दसंग्रह के साथ समय-समय पर प्रशिक्षण जैसी विशेषताएं निश्चित रूप से आपके चैटबॉट में निरंतर सीखने रहने की प्रक्रिया में मदद कर सकती हैं।

कांटेक्ट सेंटर के कार्यों का संचालन

चैटबॉट आज विभिन्न उद्यमों के कांटेक्ट सेंटर के कार्यों का संचालन में सबसे विश्वसनीय भूमिका निभा रहे हैं। हालांकि यह कॉस्ट ऑप्टिमाइजेशन (लागत अनुकूलन) और दुनिया के विभिन्न भौगोलिक क्षेत्रों में ग्राहकों को 24x7 सहायता प्रदान करने के मामलों में काफी सफल है, लेकिन हम अभी भी सभी तरह के ग्राहक संवादों और लेनदेनों को चैटबॉट द्वारा संभाल लेने पर निर्भर होने की आदर्श स्थिति से काफी दूर हैं। यहां, ट्रांसफर टू लाइव एजेंट सुविधा अत्यावश्यक है। चैटबॉट के पास, उपयोगकर्ता के साथ हुई सम्पूर्ण चैट (बातचीत) को लाइव एजेंट को निर्बाध रूप से स्थानांतरित करने की क्षमता होनी चाहिए, साथ ही लाइव एजेंट को उसी चैट इंटरफेस में उपयोगकर्ता के साथ चैट करने में सक्षम होना चाहिए। इसके अलावा, आउट-ऑफ-सपोर्ट अवधि में जब लाइव एजेंट चैट-कंट्रोल लेने के लिए उपलब्ध नहीं हो, तब चैट इंटरफ़ेस में उपयोगकर्ता को क्लिक-टू-कॉल जैसी सुविधाएँ उपलब्ध होनी चाहिए ताकि कॉलबैक के लिए उपयोगकर्ता द्वारा चुने गए उपयुक्त समय के अनुसार एक आउटबाउंड कॉल अनुरोध या कॉलबैक वर्कफ़्लो को ट्रिगर किया जा सके।

अध्याय 13

उद्योग जगत द्वारा आर्टिफिशियल और कॉग्निटिव इंटेलिजेंस का Adoption

IT WILL BECOME INESCAPABLE.

– James Kobielus, Wikibon Lead Analyst for Data Science, Deep Learning, and Application Development

जेम्स कोबीलस के उपरोक्त चार सरल शब्द AI और Cognitive Intelligence की दुनिया भर के बड़े उद्योगों पर दूरगामी और अपरिहार्य पकड़ को संक्षेप में प्रस्तुत करते हैं। डेटा विश्लेषकों का अनुमान है कि उद्योगों ने अपने एक साल पहले के 8 बिलियन डॉलर के राजस्व को बढ़ाकर वर्ष 2020 तक 47 बिलियन डॉलर कर दिया है। आइए, कुछ वर्षों बाद के ऐसे भविष्य की कल्पना करें जब उद्योगों द्वारा AI और Cognitive Intelligence को इनकी पूरी शक्ति के साथ अपनाया जाएगा। लेकिन सबसे पहले हमें इसके लिए संदर्भ निर्धारित करना होगा और AI और Cognitive Intelligence में प्रयुक्त कुछ अवधारणाओं पर चर्चा करनी होगी।

आर्टिफिशियल इंटेलिजेंस और कॉग्निटिव इंटेलिजेंस क्या हैं?

आर्टिफिशियल इंटेलिजेंस (AI) को आमतौर पर उन कंप्यूटर सिस्टम्स के विकास के सिद्धांत के रूप में वर्णित किया जाता है जो ऐसे कार्य करने में सक्षम होते हैं जिसमें मानव बुद्धि की आवश्यकता होती है उदाहरणार्थ Visual Perception, Speech Recognition, Decision Making और Language Translation आदि।

कॉग्निटिव इंटेलिजेंस (Cognitive Intelligence) एक कंप्यूटराइज्ड मॉडल में मानव विचार प्रक्रियाओं का simulation है। Cognitive Computing में self learning systems शामिल हैं जो मानव मस्तिष्क के काम करने के तरीके की नकल करने के लिए data mining, pattern recognition और natural language processing तकनीकों का उपयोग करती है।

AI और Cognitive Intelligence ऐसे एल्गोरिदम्स पर आधारित है जिनका उपयोग करके सेंट्रल नेटवर्क उपलब्ध सूचनाओं की उचित प्रोसेसिंग करता है और उपयुक्त निर्णय पर पहुंचता है। ऐसे कुछ उदाहरण नीचे दिए गए हैं जो हम दैनिक दिनचर्या में देखते हैं:

- एयर ट्रैफिक कंट्रोल सिस्टम जो फ्लाइट प्लान्स को तय करते हैं और हवाई जहाज के लिए उपयुक्त लैंडिंग गेट चुनते हैं।
- लॉजिस्टिक्स ऐप जो कंपनियों को समय और ईंधन बचाने के लिए अपने वाहनों का मार्ग तय करने में सहायता करते हैं। उबर और यूपीएस ऐसी कंपनियों के उदाहरण हैं।
- लोन प्रोसेसिंग सिस्टम्स जो लोन आवेदकों की ऋण पात्रता को आँकते हैं।
- डिजिटल पर्सनल असिस्टेंट जो कि विभिन्न डेटा स्रोतों का इस्तेमाल करके उपयोगकर्ता के प्रश्नों का उत्तर देते हैं, जैसे कि Apple का Siri वर्चुअल असिस्टेंट।

उद्योगों में आर्टिफिशियल इंटेलिजेंस और कॉग्निटिव इंटेलिजेंस के उपयोग का स्तर कितना है?

लगभग सभी प्रकार के उद्योगों ने काफी पहले से AI और Cognitive Intelligence को अपनी सभी एंटरप्राइज एप्लिकेशन में एकीकृत करने की प्रक्रिया शुरू कर दी है। इसके अलावा, बड़े टेक्नोलॉजी डीलर्स के प्रोडक्ट रिलीज में AI और Cognitive Intelligence का समावेश उद्यमों की रणनीति बनाने में एक कारक होगा और इन टेक्नोलॉजी प्रोडक्ट्स द्वारा लाया गया digital disruption बहुत महत्वपूर्ण होगा।

चूँकि सभी उद्योग आर्टिफिशियल इंटेलिजेंस को तेजी से और भारी संख्या में स्वीकार कर रहे हैं अतः उपलब्ध आंकड़ों के आधार पर हम सुरक्षित रूप से निम्नांकित निष्कर्ष निकाल सकते हैं:

- वर्ष 2018 तक 62% उद्योग आर्टिफिशियल इंटेलिजेंस तकनीकों का उपयोग करने लगेंगे।
- वर्ष 2015 में ऐसे केवल 59% उद्योगों ने Cognitive Intelligence का भी उपयोग किया जिन्होंने Big Data का भी उपयोग किया था। आज, इस आंकड़े में भारी बढ़ोत्तरी हुई है और ऐसे 95% उद्योग हैं जो पहले Big Data का उपयोग कर रहे थे और अब इसके साथ में Cognitive Intelligence का भी उपयोग कर रहे हैं।
- वर्ष 2019 तक, सभी उपभोक्ताओं में से आधे उपभोक्ताओं द्वारा आर्टिफिशियल इंटेलिजेंस के साथ कम से कम एक या ज्यादा इंटरैक्शन की उम्मीद है।

सम्पूर्ण उद्योग क्षेत्र AI और Cognitive Intelligence की महत्ता और व्यवसाय में इनको अपनाने के फायदों को समझकर खुद की बड़ी सेवा करेगा।

Weak (कमजोर) आर्टिफिशियल इंटेलिजेंस क्या है?

कमजोर आर्टिफिशियल इंटेलिजेंस तब सामने आती है जब इसका इस्तेमाल अपने मूल इरादे से अलग उद्देश्यों के लिए किया जाता है। यह तब होता है जब

कठिन और बेहतर समस्या को हल करने के लिए AI एल्गोरिदम का उपयोग करने के बजाय इसका उपयोग मानव के लिए कार्यों को आसान बनाने के लिए होता है। कमजोर आर्टिफिशियल इंटेलिजेंस युक्त मशीनें प्री-प्रोग्राम्ड होती हैं, उनमें सोचने-समझने की क्षमता नहीं होती है और उनकी कार्यप्रणाली मानवीय हस्तक्षेप पर निर्भर होती है।

Strong (सशक्त) आर्टिफिशियल इंटेलिजेंस क्या है?

सशक्त आर्टिफिशियल इंटेलिजेंस के अंतर्गत कठिन और बेहतर समस्या को हल करने के लिए AI एल्गोरिदम का वास्तविक उपयोग किया जाता है। सशक्त आर्टिफिशियल इंटेलिजेंस युक्त मशीनें मनुष्य की तरह सोच सकती हैं और अपना काम बिना किसी मानवीय हस्तक्षेप के कर सकती हैं। सशक्त AI तकनीकों के उपयोग की उद्योगों और समाज में अधिक बेहतर भूमिका है।सशक्त AI भविष्य में सभी उद्योगों में होने वाले innovations का आधार बनेगी।

आर्टिफिशियल इंटेलिजेंस की सफलता के महत्वपूर्ण कारक

Weak या Strong दोनों मामलों में, AI या Cognitive Intelligence ऐसे एल्गोरिदम्स पर आधारित होती है जिसमें उचित समाधानों तक पहुंचने के लिए सूचना में हेरफेर करने की क्षमता होती है। हालांकि वैज्ञानिक पिछले कुछ दशकों से Cognitive Intelligence विकसित करने के लिए प्रयासरत हैं, लेकिन यह अब तीन महत्वपूर्ण घटनाओं के कारण एक मूल्यवान बिज़नेस टूल के रूप में सुर्खियों में आ रहा है:

- प्रोसेसिंग पावर में बढ़ोत्तरी का दौर जारी है। जैसा कि Moore's Law से साबित होता है, पिछले चार दशकों से प्रति वर्ष प्रति चिप ट्रांजिस्टर की संख्या में लगभग दो गुना वृद्धि हो रही है।
- टेक्नोलॉजी को बढ़ाने के लिए Nvidia जैसी कंपनियां अपने इंटीग्रेटेड चिप्स में ग्राफिक्स प्रोसेसिंग यूनिट (GPU) cores जोड़कर सेंट्रल प्रोसेसिंग यूनिट (CPU) cores की सहायता कर रही हैं।

- डेटा की मात्रा लगातार बढ़ रही है। अनुसंधान संगठन SINTEF के अनुसार, दुनिया के समस्त डेटा का 90 प्रतिशत डेटा पिछले दो वर्षों में उत्पन्न हुआ है। इसके अलावा, IDC की रिपोर्ट बताती है कि प्रत्येक वर्ष उत्पन्न और वितरित किया गया डेटा हर दो साल में दो गुना बढ़ जाता है और वर्ष 2020 तक दुनिया में 44 Zettabytes (44 Trillion Gigabytes) डेटा होगा।

कॉग्निटिव इंटेलिजेंस में निवेश पर वर्तमान डेटा

IBM की cognitive advantage global market report में प्रस्तुत सर्वे के अनुसार :

- 22% कंपनियां दो या ज्यादा कॉग्निटिव तकनीकों का उपयोग एक वर्ष से ज्यादा समय से कर रही हैं।
- 54% कंपनियों ने या तो पिछले एक वर्ष में कॉग्निटिव तकनीकों का उपयोग करना शुरू किया है या वे एक कॉग्निटिव तकनीक का उपयोग एक वर्ष से ज्यादा समय से कर रही हैं।
- 24% कंपनियां अगले दो वर्ष में कॉग्निटिव तकनीकों को अपनाने वाली हैं।
- 65% कंपनियां कॉग्निटिव इंटेलिजेंस को अपनी कंपनी की रणनीति और सफलता के लिए आवश्यक मानते हैं।
- 58% कंपनियां मानती हैं कि उद्योग संचालन के डिजिटल परिवर्तन के लिए कॉग्निटिव इंटेलिजेंस आवश्यक है।

इस रिपोर्ट के अनुसार यह माना जाना चाहिए कि कॉग्निटिव इंटेलिजेंस जल्द ही व्यापार और उद्योग की सफलता के लिए अनिवार्य जरूरत बन जाएगी।

आर्टिफिशियल इंटेलिजेंस और कॉग्निटिव तकनीकों का उपयोग करने से किस उद्योग को सबसे अधिक लाभ होता है?

AI और कॉग्निटिव इंटेलिजेंस राजस्व का आधा हिस्सा सॉफ्टवेयर उद्योग में जाएगा जिसमें AI और कॉग्निटिव ऍप्लिकेशन्स (text and rich media analysis, tagging, machine processing, formation of clusters, generating various hypothesis, answering multitudes of questions correctly, visualization, and navigation) और कॉग्निटिव सॉफ़्टवेयर शामिल हैं। सबसे तेजी से उभरती कॉग्निटिव ऍप्लिकेशन्स पर होने वाले खर्च की भविष्यवाणी वर्ष 2020 में 18.2 बिलियन डॉलर के उच्च स्तर पर की गई है।

भौगोलिक परिदृश्य

भौगोलिक आधार पर, उत्तरी अमेरिका (संयुक्त राज्य अमेरिका और कनाडा) कॉग्निटिव इंटेलिजेंस पर होने वाले खर्च के लिए अब तक का सबसे बड़ा क्षेत्र है। यूरोप, मिडिल ईस्ट और अफ्रीका (EMEA) एक निश्चित अवधि के लिए दूसरा सबसे बड़ा क्षेत्र बना रहेगा, लेकिन जापान और एशिया पैसिफिक से आने वाला राजस्व वर्ष 2020 तक EMEA के राजस्व से आगे निकल जाएगा।

यह निष्कर्ष निकाला जा सकता है, आर्टिफिशियल इंटेलिजेंस और कॉग्निटिव इंटेलिजेंस को केवल एक विचारधारा या एक चर्चित तकनीक ही नहीं माना जाना चाहिए। यह तकनीकें हमारी अपेक्षाओं से बहुत आगे निकल चुकी हैं और जल्द ही समस्त उद्योगों की मूलभूत जरूरत बन जाएंगी।

अध्याय 14

आर्टिफिशियल इंटेलीजेंस – BFSI उद्योग में सबसे बड़ा Disruptor

आज जब हम एक क्रान्तिकारी परिवर्तन के दौर में डिजिटलीकरण के युग से कॉग्निफिकेशन के युग की ओर बढ़ रहे हैं, हमें यह स्वीकारना होगा कि दुनिया भर के बैंकों और वित्तीय संस्थानों ने आर्टिफिशियल इंटेलिजेंस की अपार संभावनाओं को बहुत ही प्रारंभिक स्तर पर पहचान लिया था और इसे अपनी परिवर्तन यात्रा में अपनाया है। आज के अग्रणी बैंक और वित्तीय कंपनियां अपने उत्पादों, प्रक्रियाओं, और रणनीतियों को फिर से परिभाषित करने के लिए आर्टिफिशियल इंटेलिजेंस का भरपूर उपयोग कर रहे हैं।

वित्तीय उद्योग के कई ऐसे क्षेत्र हैं जहां आर्टिफिशियल इंटेलिजेंस और मशीन लर्निंग ने पहले ही अपने पदचिह्न बना लिए हैं, लेकिन अभी भी कई ऐसे क्षेत्र हैं जो इनके उपयोग से अछूते हैं और आने वाले वर्षों में इन क्षेत्रों में आर्टिफिशियल इंटेलिजेंस पर मुख्य फोकस रहेगा।

वित्तीय सेवा उद्योग को मोटे तौर पर तीन प्रमुख ऐसे विभागों में वर्गीकृत किया जा सकता है जहां AI आज की जरूरत बन गया है। कैपिटल मार्केट, कंज्यूमर बैंकिंग और इंश्योरेंस वे विभाग हैं जो वित्तीय सेवा उद्योग के अधिकांश क्षेत्र को कवर करते हैं।

रोबो एडवाइजर्स, हाई फ्रीक्वेंसी ट्रेडिंग, रिस्क मैनेजमेंट, एंटी-मनी लॉन्ड्रिंग, साइबर सिक्योरिटी, फ्रॉड डिटेक्शन, इंटेलिजेंट प्रेडिक्शन और रेकमेंडेशन्स कुछ ऐसे क्षेत्र हैं जहां AI एप्लिकेशंस को हमेशा से जोड़ा गया है। लेकिन वास्तव में, वित्तीय उद्योग में कई और ऐसे क्षेत्र हैं जहां AI पहले से ही एक महत्वपूर्ण भूमिका निभा रहा है और हम में से ज्यादातर इसके बारे में अवगत नहीं हैं।

आर्टिफिशियल इंटेलिजेंस में मानव या किसी भी पारंपरिक कंप्यूटर प्रोग्राम द्वारा अतीत में संसाधित किए गए डेटा की तुलना में तीव्र गति से बहुत अधिक मात्रा में डेटा को संसाधित करने की क्षमता होती है। इस क्षमता का उपयोग वित्तीय संस्थानों द्वारा अपने ग्राहकों को प्रदान की जाने वाली सेवाओं को बेहतर बनाने के लिए किया जा सकता है। धन प्रबंधन के क्षेत्र में, वित्तीय संस्थान अपने ग्राहकों को बहुत बेहतर, अधिक लक्षित और कुशल सलाह प्रदान करने में सक्षम होंगे।

रिस्क एंड क्रेडिट असेसमेंट एक ऐसा ही क्षेत्र है जहां मशीन लर्निंग और डीप लर्निंग गेम चेंजर की भूमिका निभा रहे हैं और बीमा उद्योग ने इसे बड़े पैमाने पर अपनाया है। वे इन तकनीकों का उपयोग करने के लिए मजबूर हैं, क्योंकि इसका इस्तेमाल व्यवसाय करने के तरीकों को पूरी तरह से बदल रहा है।

स्मार्ट वॉलेट दुनिया भर के बैंकों की रूचि का एक और क्षेत्र है। बैंक अपने ग्राहकों को स्मार्ट वॉलेट प्रदान करेंगे और यह AI -युक्त स्मार्ट वॉलेट ग्राहक की खर्च करने की आदतों का अवलोकन करता रहेगा। इस तरह से स्मार्ट वॉलेट ग्राहक के वित्तीय व्यवहार को सीखेगा और भविष्य के खर्च के लिए ग्राहक को स्मार्ट सलाह और सिफारिशें प्रदान करेगा। स्मार्ट वॉलेट, प्रेडिक्टिव अलर्ट और सिफारिशों के द्वारा ग्राहक के क्रेडिट और डेबिट कार्ड्स पर बचत और जिम्मेदारीपूर्ण खर्च को प्रोत्साहित करेगा। इसी तरह, AI यह भी पता लगा सकता है कि ग्राहक द्वारा बैंक के उत्पादों या सेवाओं को बदलने की कितनी संभावना है। ऐसे प्रारंभिक संकेत मिलने पास बैंक अपने ग्राहक को अधिक उपयुक्त उत्पाद या बेहतर सेवाएं प्रदान करने की पहल करेगा, जो ग्राहक को उसी बैंक के साथ बनाए रखने में मदद कर सकता है।

यदि हम जोखिम मूल्यांकन, क्रेडिट मूल्यांकन और रेगुलेटरी क्षेत्रों की बात करें तो, यदि आप आज होम लोन या पर्सनल लोन के लिए आवेदन करते हैं तो पारंपरिक तरीके से लोन की प्रोसेसिंग के लिए आवश्यक कागजी कार्यवाही और क्रेडिट जांच में कुछ हफ़्तों का समय लग सकता है। आर्टिफिशियल

इंटेलिजेंस का उपयोग करने पर, प्रोसेसिंग का समय घटकर अधिकतम एक या दो घंटे का हो जाता है। ऐसा इसलिए संभव है क्योंकि विभिन्न डेटा स्त्रोतों से पूछताछ करके क्रेडिट मूल्यांकन करने की AI की क्षमता बहुत तेज़ और बेहतर है।

हम पहले से ही उन माध्यमों में आमूलचूल बदलाव का अनुभव कर रहे हैं जिनका इस्तेमाल बैंक अपने ग्राहकों के संवाद बनाये रखने के लिए करते हैं। बैंक ग्राहक सेवाओं के अनुभव को बेहतर बनाने के लिए तेजी से इन माध्यमों को चैटबॉट्स, रोबोट्स और ह्मनॉइड्स में बदलते जा रहे हैं। हम भारत में भी इसी तरह के रुझान देख रहे हैं।

स्टेट बैंक ऑफ़ इंडिया (SBI) ने अपने कुछ उत्पादों जैसे SBI InTouch में IBM Watson का उपयोग किया है। आईसीआईसीआई बैंक ने अपने कुछ उत्पादों में चेहरे और आवाज की पहचान के लिए AI का उपयोग किया है। एचडीएफसी बैंक, यस बैंक, एक्सिस बैंक, डीबीएस बैंक और कुछ अन्य बैंक अपने AI-संचालित चैटबॉट्स और वर्चुअल असिस्टेंस इंटरफेस के साथ ग्राहकों की सेवा के लिए तैयार हैं। सिटी यूनियन बैंक ने अपना Humanoid Robot "लक्ष्मी" लॉन्च किया है, जो मानव एजेंट की तरह बैंक के ग्राहकों के साथ चैट कर सकता है। कई अन्य बैंकों ने, इस तथ्य को महसूस करते हुए कि प्रतिस्पर्धियों के साथ प्रतिस्पर्धा करने के लिए AI उनकी अग्रिम पंक्ति की टुकड़ी में होगा, विभिन्न AI -संबंधित परियोजनाओं के लिए अपने सेवा प्रदाताओं के लिए Request for Proposal (RFP) निकालना शुरू किया है।

इसके अलावा, एंटी-मनी लॉन्ड्रिंग और रेगुलेटरी जैसे क्षेत्रों में बहुत सारे AI एप्लिकेशन आ रहे हैं क्योंकि किसी भी AI सिस्टम के लिए बहुत सारे डेटा का विश्लेषण करना, पैटर्न निर्धारित करना, धोखाधड़ी, मनी लॉन्ड्रिंग और अपराधियों की पहचान करना और ऐसी गतिविधियों के बारे में सम्बंधित बैंक अधिकारियों को अग्रिम रूप से जानकारी देना बहुत आसान है, इन क्षमताओं का उपयोग कर इस तरह की गतिविधियों को रोकने के लिए बैंक द्वारा तत्काल कार्रवाई की जा सकती है।

वित्तीय क्षेत्र में AI के उपयोग के अन्य उदहारण हैं, Facial Stress Analysis (चेहरे के तनाव के विश्लेषण) का उपयोग करके ऑटोमैटिक तरीके से एटीएम धोखाधड़ी का पता लगाना, AI वित्तीय सलाहकार जिन्हें Robo Advisors कहा जाता है जो ग्राहकों के लिए सक्रियता से लगातार काम करते रहते हैं और ग्राहक को 24x7 इंटेलीजेंट सलाह प्रदान करते हैं।

अध्याय 15

स्वास्थ्य देखभाल में आर्टिफिशियल इंटेलीजेंस का उपयोग

स्वास्थ्य देखभाल और मेडिसिन क्षेत्र में क्रांति लाने के लिए आर्टिफिशियल इंटेलिजेंस का भरपूर लाभ उठाया गया है। कोई भी उद्योग स्वास्थ्य सेवा और चिकित्सा उद्योग से अधिक मायने नहीं रखता है। इसलिए, किसी भी उद्योग में आर्टिफिशियल इंटेलिजेंस के साथ या किसी अन्य अत्याधुनिक तकनीक के साथ आज तक हमने जो भी उन्नति की है, स्वास्थ्य सेवा और चिकित्सा उद्योग को उस सूची में सबसे ऊपर होना चाहिए और इस पर कोई असहमति नहीं होनी चाहिए। आइए वास्तविकता की जांच करते है और देखते हैं कि स्वास्थ्य सेवा और चिकित्सा उद्योग में आर्टिफिशियल इंटेलिजेंस कितना आगे बढ़ चुका है।

जब आप अपने डॉक्टर के पास जाते हैं, तो आपका डॉक्टर यह गारंटी नहीं दे सकता है कि आपके लिए चुना गया उपचार निश्चित रूप से काम करेगा। आज उपयोग में लिए जाने वाले लगभग आधे चिकित्सीय उपचारों की प्रभावशीलता का कोई प्रमाण नहीं है। उपचार की प्रभावशीलता का प्रमाण उन रोगियों की संख्या के एक बहुत छोटे से अंश पर आधारित होता है जिनका क्लीनिकल ट्रायल किया गया है और इस तरह के अध्ययनों का परिणाम इस संख्या के औसत पर आधारित होता है। लेकिन तथ्य यह है कि हर उपचार का प्रभाव

अलग-अलग मानव शरीर में अलग-अलग होता है। इसका क्या मतलब निकला जा सकता है? इसका तात्पर्य यह है कि एक विशेष रोगी के लिए सटीक उपचार योजना का सुझाव देने के लिए हमारे डॉक्टरों के पास आज पर्याप्त जानकारी ही नहीं है। क्या यह बात चौंकाने वाली नहीं है?

लेकिन आर्टिफिशियल इंटेलिजेंस के द्वारा हम इस समस्या का समाधान कर सकते हैं और अपने डॉक्टरों की मदद कर सकते हैं। AI हमारे डॉक्टरों के लिए विश्वसनीय आंखों की दूसरी जोड़ी के रूप में कार्य कर सकता है, और यह बेहतर डॉक्टरों को बेहतरीन बना सकता है। AI के द्वारा हम अपने डॉक्टरों को ऐसी उपचार योजना से लैस कर सकते हैं जो कि विशिष्ठ शरीर की स्थिति और मापदंडों के लिए उपयुक्त हो। AI के उपयोग के साथ, हर उपचार की प्रभावशीलता का प्रमाण मिल सकेगा और डॉक्टर द्वारा लिया गया हर एक निर्णय ठोस सबूतों पर आधारित होगा।

भविष्य में, हेल्थकेयर में AI के उपयोग द्वारा, किसी भी असामान्यता के लक्षण दिखाई देने से पहले ही हमारे स्वास्थ्य के बारे में सब कुछ पहले से ही अनुमान लगाना संभव हो जाएगा। यह बात थोड़ी आशावादी लग सकती है, लेकिन यह संभव है। इस तरह से प्राप्त हुई प्रारंभिक पूर्व चेतावनी के अनुसार हम रोगों को रोकने या ठीक करने में सक्षम होंगे या नहीं यह पूरी तरह से अलग सवाल है, लेकिन यह जानकारी मिलने पर बहुसंख्यक बीमारियों को बहुत प्रारंभिक स्थिति में ही पकड़ा जा सकेगा।

आइए सीधे उन उदाहरणों पर आते हैं जहाँ आर्टिफिशियल इंटेलिजेंस ने बड़ी प्रगति की है:-

1. AI के द्वारा घुटने की उपास्थि के अंदर पानी के प्रसार का पता लगाकर लक्षणों के आगमन से 3 साल पहले ही 85% से अधिक सटीकता के साथ ऑस्टियोआर्थराइटिस रोग की प्रगति का पता लगा सकता है।
2. लगभग सभी कैंसरों का पता AI का उपयोग करके बहुत ही प्रारंभिक अवस्था में लगाया जा सकता है, जो कि डॉक्टर के लिए उस स्तर पर पता लगाना आसान नहीं है।
3. AI का उपयोग करके सेप्सिस जैसी घातक बीमारी का शुरुआत में ही पता लगाया जा सकता है, इसे ठीक करके मरीज की जान बचाई जा सकती है।

4. डायबिटिक रेटिनोपैथी (जो कि मूल रूप से हाई ब्लड शुगर है) रेटिना में रक्त वाहिकाओं को नुकसान पहुंचाती है। यह रोग एक धीमी प्रक्रिया के द्वारा रोगी को अँधा बना सकता है। AI का उपयोग कर इस रोग का चिकित्सा-योग्य अवस्था में ही पता लगाया जा सकता है।
5. AI की मदद से आंख के रेटिना स्कैन का विश्लेषण करके और रक्त वाहिकाओं को देखकर, हृदय रोगों के विकास की संभावना और बाद में दिल का दौरा पड़ने के बारे में बताया जा सकता है।
6. अल्जाइमर्स रोग एक प्रारंभिक चरण में शुरू होता है और समय के साथ इतना बिगड़ जाता है कि रोगी अपनी मानसिक और शारीरिक क्षमताओं को खो देता है। अब AI प्रेडिक्शन्स (भविष्यवाणियों) के द्वारा इस रोग का प्रारंभिक चरण में ही पता लगाया जा सकता है।
7. क्लिनिकल इमेजिंग में मशीन लर्निंग और डीप लर्निंग असाधारण रूप से कुशल है। ये तकनीकें डॉक्टरों के लिए क्लीनिकल डिसिशन मेकिंग (नैदानिक निर्णय) प्रक्रियाओं जैसे कि रोग का पता लगाने, घाव विभाजन, निदान, उपचार चयन, प्रतिक्रिया मूल्यांकन, क्लीनिकल प्रेडिक्शन (नैदानिक भविष्यवाणी) इत्यादि को प्रभावित करती है।
8. टीबी (तपेदिक) का पता लगाने के लिए AI तकनीक सबसे कुशल साबित हुई है। इसी तरह AI-एडेड मैमोग्राफी स्तन कैंसर का उस स्थिति में भी पता लगाने में असाधारण रूप से कुशल है जब इस रोग का मामूली लक्षण भी नहीं दिख रहा हो।
9. जीनोमिक अनुसंधान और परीक्षण के क्षेत्र में AI एक सम्पूर्ण क्रांति ला रहा है। जीनोमिक अनुसंधान एक ऐसा शोध है जो क्रोमोसोम्स (गुणसूत्रों), जीन या प्रोटीन में परिवर्तन की पहचान करता है। यह परीक्षण एक संदिग्ध आनुवंशिक स्थिति की उपस्थिति या अनुपस्थिति की पुष्टि करता है या किसी व्यक्ति के शरीर में आनुवंशिक विकार के विकास की संभावना का पता लगाने में मदद करता है।
10. Google DeepMind की आर्टिफिशियल इंटेलिजेंस सेवाएं वैश्विक स्तर पर स्वास्थ्य सेवाओं में भारी सुधार ला रही है उदाहरणार्थ बुढ़ापे के अंधापन सहित विभिन्न विकारों के कारण हो रहे अंधापन को रोकना।

आज हमारे पास बड़ी मात्रा में क्लीनिकल (नैदानिक) डेटा और जानकारी मौजूद है, जो मानवीय आँखों, मस्तिष्क और कानों द्वारा संसाधित किए जा

सकने की प्रक्रिया से परे है। इस जानकारी को संसाधित करने और उपयोग करने से हमारे डॉक्टरों को बेहतर निर्णय लेने में मदद मिलेगी। इस जानकारी का प्रयोग कर प्रत्येक व्यक्ति के लिए निजी अनूठी उपचार योजना का उपयोग करना, सम्पूर्ण रोग पहचान और निदान प्रक्रिया में नए आयाम जोड़ देगा। उपचार योजना के निर्णय लेने की इस नयी प्रक्रिया में मरीज भी भाग ले सकेंगें जबकि अतीत में पैतृक स्वास्थ्य सेवा मॉडल के अंतर्गत केवल डॉक्टर सभी निर्णय लेते थे और मरीज निहितार्थों से पूरी तरह अनजान रहते थे।

IBM Watson जैसी कॉग्निटिव प्रणालियाँ पहले से ही स्वास्थ्य सेवा में उपयोग में लाई जा रही हैं और यह आने वाले कुछ वर्षों में हमारे डॉक्टरों के लिए स्टेथोस्कोप की तरह जरूरी बन जाएंगीं। इन कॉग्निटिव प्रणालियों में आपके मेडिकल रिकॉर्ड के साथ-साथ चिकित्सा साहित्य और पत्रिकाओं में उपलब्ध जानकारियों को भी समझने की क्षमता है। क्लीनिकल (नैदानिक) निर्णय लेते समय ये सब जानकारियां और ज्ञान एक साथ उपयोग किया जा सकता है, जो कि मानवीय रूप से संभव नहीं है। ऑन्कोलॉजी के लिए IBM Watson एक बेहतरीन उदाहरण है जो विभिन्न कैंसर्स का पता लगता है और उनके उपचार के लिए विकल्प प्रदान करता है। AI का उपयोग वैज्ञानिक विधि को बदल सकता है और, बदले में, दवा उद्योग को भी बदल सकता है।

सारांश यह है कि स्वास्थ्य देखभाल के क्षेत्र में AI के उपयोग की अपार संभावनाएं हैं जिनका उपयोग अभी भी बहुत सीमित है, खासकर भारत जैसे विकासशील देश में जहां लगभग आधी आबादी अभी भी बुनियादी स्वास्थ्य सुविधाओं से वंचित है।

अध्याय 16

साइबर सुरक्षा में AI - कॉग्निटिव साइबर रक्षा

साइबर सुरक्षा के इस नए युग में, खतरों और दुर्भावनापूर्ण गतिविधियों का स्तर काफी परिष्कृत हो गया है। इन खतरों का पता लगाना कठिन होता जा रहा है और उद्यमों में साइबर अपराधों के कारण होने वाली क्षति कई गुना बढ़ गई है। आज आप अपने संगठन के चारों ओर जो भी सुरक्षा उपाय कर रहे हों, लेकिन चौंकाने वाली हकीकत यह है कि कोई भी प्रणाली या बुनियादी ढाँचा आज सौ प्रतिशत सुरक्षित नहीं है और न ही हम निकट भविष्य में ऐसी सार्वभौमिक सुरक्षा हासिल कर पाएंगे। इस वास्तविकता को ध्यान में रखते हुए, आधुनिक सुरक्षा प्रणालियाँ और प्लेटफॉर्म्स सुरक्षा खतरों से निपटने के पारंपरिक दृष्टिकोण से अलग रास्ते पर जा रहे हैं। पारंपरिक दृष्टिकोण में, हम एक पहले से हो चुके हमले के बारे में निश्चित होते थे और हमले के बाद की स्थिति से निपटने के लिए आवश्यक उपचारात्मक कार्रवाई करते थे। इसके विपरीत आधुनिक संभाव्य दृष्टिकोण में, आर्टिफिशियल इंटेलिजेंस और मशीन लर्निंग तकनीकों का उपयोग करके हम नेटवर्क, उपकरणों और उपयोगकर्ताओं के व्यवहारों की निरंतर निगरानी करके चेतावनी उत्पन्न कर सकते हैं, वह भी तब, जब हम किसी हमले या दुर्भावनापूर्ण गतिविधि के बारे में सुनिश्चित नहीं होते हैं। यह दृष्टिकोण अपनी भविष्य कह सकने वाली प्रकृति के कारण पारंपरिक दृष्टिकोण की तुलना में बेहतर लाभ प्रदान करता है। यह लाभ उस सुरक्षा रणनीति और

मॉडल पर भी लागू होता है जिसे हम ऐसे साइबर सुरक्षा खतरों से निपटने के दौरान एक उद्यम में लागू करते हैं।

यह दृष्टिकोण उस प्रक्रिया के बिलकुल समान है जो एक मानव शरीर घुसपैठियों के खिलाफ लड़ने के लिए अपनाता है। मानव शरीर का डीएनए एक ऐसी जानकारी है जो किसी भी बाहरी खतरे के द्वारा क्षतिग्रस्त, परिवर्तित या हैक की जा सकती है और हमारी प्रतिरक्षा प्रणाली हर दिन इस तरह के खतरों और हमलों से निपटती रहती है। लाखों वायरस हर समय हमारे डीएनए पर हमला करते रहते हैं, लेकिन हमारे शरीर में एक अद्भुत सुरक्षा प्रणाली होती है जो हर समय हमें ऐसे किसी भी हमले या खतरों से बचाने के लिए पूरे शरीर की डीएनए के स्तर तक निगरानी करती रहती है। यह प्रणाली प्रारंभिक अलर्ट उत्पन्न करती है और इस तरह के खतरों से लड़ने के लिए हमारी प्रतिरक्षा प्रणाली में उपलब्ध रक्षा तंत्र के विभिन्न अवयवों को तुरंत सक्रिय करती है। हमारी प्रतिरक्षा प्रणाली के इतना प्रभावी होने का कारण यह है कि यह जानती है कि हमारे शरीर में आंतरिक क्या है और बाहरी क्या है जैसे कि वायरस। और इस क्षमता के साथ इसे पता होता है कि हमारे शरीर को बाहरी हमलों से कैसे बचाया जाए।

इस फलसफे को ध्यान में रखते हुए, कुछ प्रमुख साइबर सुरक्षा कंपनियों ने आर्टिफिशियल इंटेलिजेंस और मशीन लर्निंग की शक्ति का लाभ उठाया है और अपने ग्राउंड ब्रेकिंग AI साइबर डिफेंस प्लेटफॉर्म्स को विकसित किया है जो मानव प्रतिरक्षा प्रणाली की नकल करते हैं। ये प्लेटफ़ॉर्म स्वतः सीखने वाले होते हैं, और यह समझने में सक्षम होते हैं कि क्या सामान्य है और क्या एक उभरता हुआ खतरा हो सकता है और तदनुसार बचाव के उपाय कर सकते हैं। वे एक उद्यम में प्रत्येक नेटवर्क, डिवाइस, उपयोगकर्ता और अन्य संपत्तियों के व्यवहारों की ऑटोमैटिक मॉडलिंग करने में भी सक्षम होते हैं। वे न केवल किसी भी संभावित खतरे के बारे में शुरुआती चेतावनी प्रदान करते हैं, बल्कि ट्रॉपोलॉजिकल नेटवर्क प्रोजेक्शन तकनीकों का उपयोग करके एक थ्रेट विजुअलाइजेशन डैशबोर्ड भी प्रदान करते हैं जो सुरक्षा विश्लेषकों को सुरक्षा खतरों से निपटने में मदद करता है; और इस प्रकार, हमलों के बाद प्रतिक्रिया करने के बजाय हमलों से पहले ही उन्हें उन्हें रोकना संभव हो जाता है। ऐसे उन्नत प्लेटफॉर्म का एक ध्यान देने योग्य उदाहरण है डार्कट्रेस जो संभावी साइबर खतरों की पहचान करने और उनका जवाब देने के लिए सेल्फ-लर्निंग AI का उपयोग करता है। एक उद्यम में इस तरह के सक्रिय साइबर जोखिम प्रबंधन दृष्टिकोण की उपस्थिति हमलों से पहले ही, हमलों और उनके परिणामों

के जोखिम को कम करती है और उद्यम के संसाधनों और उपयोगकर्ताओं को सुरक्षित रखती है।

हमारा यह व्यक्तिगत रूप से मानना है कि Firewall और Signature-based Models (जैसे कि पारंपरिक एंटी-वायरस और अन्य उत्पाद) निकट भविष्य में पूरी तरह से अप्रभावी नहीं होंगे, जैसा कि कई साइबर सुरक्षा विशेषज्ञों ने दावा किया है। इसके बजाय, हमें एक बहुस्तरीय दृष्टिकोण का निर्माण करना होगा जिसमें Firewall और Signature-based Models सुरक्षा का एक स्तर होगा और जिसमें AI तथा मशीन लर्निंग एल्गोरिदम का एक अतिरिक्त स्तर होगा जो आपके नेटवर्क और उपकरणों में और इनके आसपास असामान्य गतिविधियों, असामान्य डेटा प्रवाह और पैटर्न्स की पहचान करने में मदद करेगा। ऐसे कई कारकों पर विचार करते हुए, यह आपको कुछ हद तक संभावना और विश्वास के साथ पहले से बता सकता है कि आपके उद्यम में कुछ सुरक्षा खतरा हो सकता है और इस प्रकार हमले की सम्भावना को कम कर देगा जो कि पारंपरिक दृष्टिकोण से असंभव है।

इसके अलावा, एक बार प्रशिक्षित होने के बाद AI मॉडल, कई खतरनाक तत्वों और दुर्घटनाओं के जीनोम का पता लगाने की क्षमता रखते हैं। ये मॉडल्स बड़ी आसानी से खतरनाक प्रोग्राम्स के उन्नत संस्करणों का पता लगा सकते हैं। किसी भी malware को अक्सर इंटरनेट के माध्यम से एन्क्रिप्टेड ट्रैफ़िक के भीतर और क्लाउड से गुजर रहे संवेदनशील डेटा के माध्यम से भेजा जाता है। AI को यह जानने में सक्षम होने के लिए इस तरह के परिदृश्यों में इस्तेमाल किया जा सकता है कि एन्क्रिप्टेड वेब ट्रैफ़िक में ऑटोमेटेड रूप से असामान्य पैटर्न्स का पता कैसे लगाया जा सकता है, और इस तरह से नेटवर्क सुरक्षा में सुधार किया जा सकता है। ऐसे AI उत्पाद मशीन लर्निंग का उपयोग करके दिन-प्रतिदिन एकत्रित किए गए ज्ञान और पैटर्न्स के आधार पर, आने वाले खतरे के नमूनों को यह पता लगाने के लिए प्रोसेस करते हैं कि वे दुर्भावनापूर्ण हैं या नहीं। ये उत्पाद ये पता लगा सकते हैं कि आने वाला पैटर्न के एक नया malware होने की कितनी संभावना है, और तदनुसार ये नए malware के पैटर्न और सिग्नेचर बनाने के विश्लेषण की प्रक्रिया को शुरू कर सकते हैं और इसे मुख्य सुरक्षा प्रणाली में शामिल कर सकते हैं जो इसे तुरंत क्लाउड पर वितरित कर देगी या सभी ग्राहकों को अपडेट भेज देगी। AI-संचालित Malware Scanner Products अपनी विभिन्न उन्नत क्षमताओं के कारण तेजी से लोकप्रिय होते जा रहे हैं।

अध्याय 17

साइबर खतरे से सावधान रहें

युद्ध के मैदान में अपने प्रतिद्वंदी का सामना करने से पहले उसकी ताकत जानना हमेशा फायदेमंद होता है। यह न केवल आपको युद्ध की रणनीति बनाने में मदद करता है, बल्कि आपको युद्ध के दौरान और उसके बाद होने वाले नुकसान के लिए खुद को तैयार करने में भी मदद करता है। साइबर सुरक्षा और खतरों से निपटने के दौरान भी यही बात लागू होती है। साइबर युद्ध के इस युग में, पारम्परिक तरीकों का उपयोग करने के बजाय आर्टिफिशियल इंटेलिजेंस और मशीन लर्निंग का उपयोग करके नवीनतम रक्षा तंत्रों के साथ एक रचनात्मक रक्षा रणनीति का निर्माण करना ही अपनी जीत की कुंजी है।

ऐतिहासिक रूप से, साइबर सुरक्षा की हमेशा अनदेखी की गई और ज्यादातर उद्यमों में विभिन्न तकनीकी परियोजनाओं को लागू करते समय साइबर सुरक्षा पर ज्यादा ध्यान नहीं दिया गया। कई बड़े और छोटे उद्यमों, सरकारी और गैर-सरकारी एजेंसियों, और यहां तक कि वित्तीय संस्थानों ने भी जानबूझकर या अनजाने में इसकी अवहेलना की है और न केवल वित्तीय तौर पर बल्कि प्रतिष्ठा के संदर्भ में भी भारी नुकसान उठाया है जो कि कारोबारी दुनिया में किसी भी वित्तीय नुकसान की तुलना में बहुत ज्यादा गंभीर है।

आज उन सारे उद्यमों को साइबर सुरक्षा पर सबसे ज्यादा ध्यान केंद्रित करना जरूरी हो गया है, जो बाहरी दुनिया से इंटरनेट के माध्यम से जुड़े हुए हैं और जिनकी अंदरूनी प्रक्रियाएं क्लाउड पर विद्ध्यमान हैं। साथ ही एक सामान्य नागरिक के रूप में हम सब के लिए भी वह समय आ गया है कि जब हम साइबर सुरक्षा के महत्व को समझें और उन खतरों से अवगत रहें जो साइबर सुरक्षा की अवहेलना से उत्पन्न हो रहे हैं।

यद्यपि साइबर अपराधी दुनिया के किसी भी हिस्से से काम कर सकते हैं और किसी भी ब्लैक-लिस्टेड या व्हाइट-लिस्टेड देश से संबंधित हो सकते हैं, फिर भी आपको यह जानकर आश्चर्य होगा कि अतीत में हुए अधिकांश विनाशकारी साइबर हमले सुसंगठित रूप से, अच्छी तरह से शोध करके, अचूक रणनीति बनाकर एक ही उपरिकेंद्र से किए गए। और अचरज की बात यह है कि अतीत के अधिकांश हमलों के मास्टरमाइंड को आपके समीप ही एक अजीब दुनिया से संचालित किया गया था, जिसे "द डार्क नेट" कहा जाता है, जिसके बारे में ज्यादातर लोगों को पता नहीं है।

भौतिक और डिजिटल रूप से डार्क नेट (जिसे कभी-कभी डार्क वेब भी कहा जाता है) डीप वेब की गहराइयों में स्थित है, जिसे Google, Bing, Yahoo तथा अन्य किसी भी सर्च इंजिन द्वारा सूचीबद्ध नहीं किया गया है। आइये, एक कदम पीछे जाते हैं और जानने की कोशिश करते हैं कि सर्फेस वेब, डीप वेब और डार्क वेब क्या हैं। यदि आप पूरे इंटरनेट को एक हिमखंड मानते हैं, तो पानी की सतह के ऊपर उसका शीर्ष, जो पूरे हिमखंड का लगभग 10% है, वह सर्फेस वेब है। आपका सर्च इंजन केवल इस छोटे से क्षेत्र में संचालित होता है, जिसकी हम आम लोगों तक पहुंच है। बाकी 90% हिस्सा, डीप वेब के अंतर्गत आता है, जो आपके सर्च इंजन के लिए उपलब्ध नहीं है, और इसमें विभिन्न सरकारी और गैर-सरकारी एजेंसियों, उद्यमों, सैन्य विभागों, अनुसंधान एजेंसियों, शैक्षणिक संस्थानों और विश्वविद्यालयों का विशालकाय डेटा और जानकारियाँ शामिल हैं। इस डीप वेब का एक छोटा सा हिस्सा, जो कि लगभग 5% है और हिमखंड के चरम तल पर बहुत गहरे में स्थित है, डार्क वेब कहलाता है, जहाँ से सारे आपराधिक मास्टरमाइंड (हैकर्स, हत्यारे, माफिया, ड्रग्स डीलर, आतंकवादी आदि) अपनी आपराधिक गतिविधियां चलाते हैं।

मुख्यधारा से बहुत अलग विचारधारा और सामाजिक व मानसिक झुकाव वाले ऐसे लोगों के समूह खुद को **Crypto Anarchists** कहते हैं, जो कि Anarchy (अराजकतावाद) का साइबर स्वरुप है। ये समूह खुद को एक Cryptowall के

साथ अपनी अंधेरी दुनिया की सीमा में सुरक्षित रखते हैं जिसमे हमारे सामान्य ब्राउज़र सेंध नहीं लगा पाते हैं। लेकिन इस भौतिक सीमा के अलावा, इन समूहों की विचारधारा और विश्वासों की एक गहन सीमा भी है जो Crypto Anarchists को मुख्यधारा की बाकी दुनिया से अलग करती है।

डार्क नेट इंटरनेट में सिर्फ एक अलग जगह नहीं है; डार्क नेट की नींव एक अलग विचारधारा, विचार प्रक्रिया और विभिन्न व्यक्तित्वों पर रखी गई है। हालांकि इन अराजकतावादियों को विभिन्न देशों की सरकारों द्वारा अपराधी माना जाता है, लेकिन वे खुद को मानवता के खिलाफ नहीं मानते हैं। उनका दावा है कि **मानवता की वास्तविक प्रगति के लिए हमेशा अच्छे और बुरे दिमागों की कड़ी प्रतिस्पर्धा होनी चाहिए और इस तरह मानवता अपनी वास्तविक उत्कृष्टता तक पहुंच सकती है** । वे यह भी मानते हैं कि गोपनीयता और गुमनामी मनुष्यों के लिए मौलिक है क्योंकि यह मनुष्य को मनचाही कार्यवाही करने देती है। मनुष्य हमेशा से अपने मस्तिष्क का उपयोग करने के लिए और स्वयं के निर्णय लेने के लिए बने हैं। मनुष्य इन अच्छे या बुरे निर्णयों को चुनते हैं और इनके परिणामों से निपटते हैं। क्रिप्टो अनार्किस्टस दृढ़ता से मानते हैं कि यदि मानव मन को सख्त नियमों और दिशानिर्देशों के दबाव में विकसित किया जाएगा, तो यह प्रक्रिया स्वाभाविक मानवीय विकास और मानवीय क्षमताओं को दबा देगी। फलतः क्रिप्टो अनार्किस्टस मनचाही कार्यवाही करने की वकालत करते हैं। लेकिन मनचाहे कार्य करने की उनकी सोच निरंकुशता को बढ़ावा देती है, जो एक स्वस्थ समाज या एक राष्ट्र या पूरी दुनिया के लिए कभी भी अच्छी नहीं होगी। क्रिप्टो अराजकता का मक़सद मुख्यधारा की दुनिया के समानांतर ऐसी प्रणाली, ऐसी अर्थव्यवस्था और ऐसी दुनिया बनाने का था जिसमें अराजक मानसिकता वाले व्यक्तियों द्वारा गुमनामी और पूर्ण गोपनीयता के साथ अप्रतिबंधित मानवीय कार्यों को किया जा सके। लेकिन जल्द ही यह समानांतर दुनिया विभिन्न आपराधिक गतिविधियों के एक बड़े बाजार और कार्यक्षेत्र में बदल गई। डार्क नेट का वास्तविक अंधकारमय स्वरुप और कुख्याति इसे नरक के समकक्ष बनाती है। नरक जैसे कठोर शब्द का उपयोग करने के लिए क्षमा करें, लेकिन ईमानदारी से कहें तो डार्क नेट के लिए इससे बेहतर शब्द नहीं मिला। डार्क नेट जल्द ही सभी प्रकार के अवैध हथियारों और गोला-बारूद, अवैध ड्रग्स और अन्य अवैध चीज़ों जैसे चोरी के क्रेडिट कार्ड, पासपोर्ट, वीजा, फर्जी ग्रीन कार्ड, ड्राइविंग लाइसेंस आदि का बाज़ार बन जाएगा। डार्क नेट पर भाड़े के हैकर्स, भाड़े के पेशेवर हत्यारों और भाड़े के राजनीतिक कार्यकर्ताओं मिलते हैं और दुनिया के विभिन्न हिस्सों के

चरमपंथी भी डार्क नेट के माध्यम से अपनी गतिविधियां संचालित कर रहे हैं। लेकिन सबसे चिंताजनक तथ्य यह है कि डार्क नेट सबसे खतरनाक साइबर अपराधियों के लिए खेल का मैदान बन गया है, अतः हम सभी को अपनी साइबर सुरक्षा और बचाव के दृष्टिकोण से सचेत रहना होगा। आज साइबर अपराध एक संगठित अपराध है और इसके व्यावसायिक परिणामों का फायदा अपराधियों के लिए है और यह भविष्य में मानवता के लिए परमाणु युद्ध के बाद सबसे भयानक खतरा है। इसलिए, इस खतरे को जानना समझना और इसका सामना करने वाली सुरक्षा प्रणालियों का आकलन करते रहना हमें इस दुश्मन से दो हाथ आगे रखेगा।

अध्याय 18

भारत में AI क्रांति - AI के लिए राष्ट्रीय रणनीति

भारत के NITI Aayog द्वारा वर्ष 2018 में प्रकाशित "आर्टिफिशियल इंटेलिजेंस की राष्ट्रीय रणनीति" विस्तृत और महत्वाकांक्षी है। यह रिपोर्ट भारत में आर्टिफिशियल इंटेलिजेंस को लागू करने में आने वाली विभिन्न चुनौतियों का वर्णन करती है। इस रिपोर्ट में कई ऐसे क्षेत्रों को छूने की कोशिश की गई है जिनमे AI का उपयोग करके भारत को वैश्विक AI क्रांति में सबसे आगे लाने हेतु महत्वपूर्ण भूमिका निभाई जा सकती है। NITI Aayog ने कई बहुमूल्य सिफारिशें की हैं और देश की AI यात्रा में सरकार और अन्य विभिन्न हितधारकों की भूमिका को परिभाषित किया है। इस रिपोर्ट ने न केवल एक सरलीकृत और विस्तृत दृष्टिकोण लिया है, बल्कि गैर-तकनीकी पाठकों के लिए विभिन्न AI की विशिष्ठ शब्दावली को भी आसान बनाने की भी कोशिश की है, जो वास्तव में सराहनीय है।

यद्यपि यह रिपोर्ट सौ से अधिक पृष्ठों की है लेकिन उत्सुक और अधीर पाठकों के लिए इस रिपोर्ट का सारांश उपलब्ध नहीं है। इसके अलावा, रिपोर्ट में जिक्र किए गए विभिन्न क्षेत्रों में AI के कार्यान्वयन के लिए दिया गया रोडमैप थोड़ा मौन प्रतीत होता है, हालाँकि Aayog ने अपनी रिपोर्ट में स्पष्ट किया है कि इस रिपोर्ट का उद्देश्य भारत में AI for All के परिवर्तनकारी दृष्टिकोण के निर्माण

के लिए आवश्यक पूर्व-पठन का है। साथ ही इस रिपोर्ट में यह भी स्पष्ट नहीं किया गया है कि इस पूरी रणनीति को चरणबद्ध तरीके से कैसे निष्पादित किया जाएगा।

इस रिपोर्ट का विस्तृत अध्ययन करने के बाद इसे तीन प्रमुख खंडों में बांटा जा सकता है और प्रत्येक खंड को विभिन्न उप-वर्गों में विभाजित किया जा सकता है। तीन प्रमुख खंड इस प्रकार हैं :-

- भारत के लिए आर्टिफिशियल इंटेलिजेंस के अवसर और आर्थिक प्रभाव।
- भारत-विशिष्ट प्रमुख चुनौतियां और AI कार्यान्वयन के फोकस क्षेत्र।
- भारत में AI कार्यान्वयन के लिए विभिन्न पहलों की पहचान और विभिन्न दलों (जैसे एकेडेमिया, स्टार्ट-अप, टेक्नोलॉजी दिग्गज, नागरिक आदि) की भूमिका और इन पहलों को सफल बनाने में हमारी सरकार की भूमिका।

इस रिपोर्ट के अनुसार, AI का उपयोग से आने वाले अवसरों और सकारात्मक आर्थिक प्रभावों के कारण वर्ष 2035 तक भारत की वार्षिक विकास दर में अतिरिक्त 1.3 प्रतिशत अंकों की बढ़ोत्तरी की जा सकती है, जो भारत की अर्थव्यवस्था में एक ट्रिलियन डॉलर के अतिरिक्त योगदान के बराबर होगी। यही नहीं, AI हमारे नागरिकों के जीवन की समग्र गुणवत्ता पर व्यापक परिवर्तनकारी प्रभाव पैदा करेगा। यह रिपोर्ट बताती है कि भारत वैश्विक स्तर पर उद्यमों और संस्थानों के लिए स्केलेबल समाधान विकसित करने के लिए एक आदर्श वातावरण प्रदान करता है जिसे बाकी विकासशील और उभरती अर्थव्यवस्थाओं में आसानी से लागू किया जा सकता है। और **Solved in India** की यह अवधारणा **AI as a Service (AIaaS)** के रूप में आगे बढ़ने वाला मॉडल हो सकती है।

आर्टिफिशियल इंटेलिजेंस में वैश्विक स्तर पर कई क्षेत्रों में बड़ा योगदान करने की क्षमता है और उद्यमों के प्रतिस्पर्धात्मक लाभ के लिए इसका उपयोग होने की पूरी उम्मीद है। कुछ प्रमुख क्षेत्रों में जहां AI पहले से ही एक differentiator बन गया है वे हैं : हेल्थकेयर, कृषि, बैंकिंग और वित्त, परिवहन, लॉजिस्टिक्स, रिटेल (खुदरा), मैन्युफैक्चरिंग (विनिर्माण), ऊर्जा, स्मार्ट शहर, शिक्षा और कौशल।

मुख्य क्षेत्रों का सारांश

स्वास्थ्य सेवा

यद्यपि स्वास्थ्य सेवा भारत में सबसे गतिशील और चुनौतीपूर्ण क्षेत्रों में से एक है और वर्ष 2020 तक इस क्षेत्र के 280 बिलियन डॉलर तक बढ़ने की उम्मीद है, लेकिन इस क्षेत्र में गुणवत्ता, आबादी के एक बड़े हिस्से तक पहुंच और महँगेपन जैसी बड़ी चुनौतियां हैं।

स्वास्थ्य सेवा क्षेत्र में AI के उपयोग से स्वास्थ्य सुविधाओं तक पहुंच में आने वाली बाधाओं के मुद्दे को हल करने में मदद मिल सकती है। टाटा मेमोरियल हॉस्पिटल की कैंसर हीट मैप रिपोर्ट में बताए गए कैंसर उपचार के लिए व्यक्तिगत सामर्थ्य और प्रतिक्रियात्मक दृष्टिकोण जैसी कठिनाइयों को भारत में कैंसर विकारों के लिए AI को अपनाने के साथ कम से कम किया जा सकता है। Digital Pathology और एक अन्य परियोजना **Imaging Biobank for Cancer** बहुत प्रारंभिक चरण में कैंसर रोग का सही और सटीक रूप से पता लगाने में मदद करेगी।

AI-आधारित Radionics एक उभरता हुआ क्षेत्र है जिसके अंतर्गत quantitative imaging सुविधाओं को लागू करके ट्यूमर फेनोटाइप के व्यापक quantification के परिणामस्वरूप मौजूदा बायोमार्कर हस्ताक्षर पैनलों में सुधार हुआ है। इसके अलावा, Microsoft और एक भारतीय स्टार्ट-अप Forus Health के बीच एक संयुक्त उद्यम मौजूद है, जिसने **3Nethra** नामक एक पोर्टेबल डिवाइस विकसित की है जो सामान्य नेत्र समस्याओं के साथ-साथ डाइबिटीज रेटिनोपैथी जैसी जटिल स्थितियों के लिए भी स्क्रीन कर सकती है।

भारत सरकार भारत की स्वास्थ्य संबंधी चुनौतियों से लड़ने, **1.5 लाख स्वास्थ्य और कल्याण केंद्रों** का आमूलचूल परिवर्तन करने, जिला अस्पतालों को गैर-संचारी रोगों की दीर्घकालिक देखभाल के लिए विकसित करने, **आयुष्मान भारत मिशन** के लिए और ई-हेल्थ को बढ़ावा देने के लिए बड़े पैमाने पर हस्तक्षेप की एक श्रृंखला बना रही है जिसकी सफलता निर्धारित करने के लिए AI अपनी महत्वपूर्ण भूमिका निभा सकता है।

इस तरह AI -आधारित हेल्थकेयर समाधान भारत में स्वास्थ्य सेवाओं को और अधिक सक्रिय बनाने में मदद कर सकते हैं।

कृषि

हालांकि भारतीय अर्थव्यवस्था एक विशुद्ध कृषि अर्थव्यवस्था होने की दशा से काफी आगे निकल आई है, लेकिन कृषि और इसके संबद्ध क्षेत्रों में अभी भी कर्मचारियों की संख्या लगभग 49% है। भारत सरकार ने हाल ही में **किसान की आय को दोगुना करने** को एक राष्ट्रीय एजेंडे के रूप में प्राथमिकता दी है। प्रभावशाली प्रगति करने और सरकार का ध्यान आकर्षित करने के बावजूद यह क्षेत्र अनिश्चिताओं पर निर्भर बना हुआ है और इसमें कमजोर आपूर्ति श्रृंखला और कम उत्पादकता है।

वर्ष 2016 में, लगभग 50 भारतीय कृषि प्रौद्योगिकी आधारित स्टार्टअप्स के समूह **AgTechs** ने 313 मिलियन डॉलर का निवेश जुटाया। पहली बार इस क्षेत्र में स्टार्टअप्स द्वारा व्यापक भागीदारी देखी जा रही है। उदाहरणार्थ, भारतीय स्टार्टअप Intello Labs फसलों की निगरानी करने और खेत की पैदावार की भविष्यवाणी करने के लिए एक image recognition software का उपयोग करता है। Aibono नामक स्टार्टअप, फसल की पैदावार को स्थिर करने के लिए समाधान प्रदान करने के लिए कृषि-डेटा विज्ञान और AI का उपयोग करता है। Trithi Robotics, ड्रोन तकनीक का उपयोग करके किसानों को फसलों की निगरानी करने और मिट्टी का सटीक विश्लेषण प्रदान करने की सुविधा देता है।

साथ ही, फसल के स्वास्थ्य की निगरानी और किसानों को रियल-टाइम एक्शन एडवाइजरी देने और इमेज क्लासिफिकेशन टूल्स का उपयोग करके कृषि मशीनरी के उपयोग और दक्षता में क्रांतिकारी बदलाव लाए जा सकते हैं।

AI के कार्यान्वयन से भारत में कृषि विकास की क्षमता को कम करने वाली बाधाओं को दूर किया जा सकता है। आर्टिफिशियल इंटेलिजेंस का कृषि उत्पादकता पर महत्वपूर्ण वैश्विक प्रभाव Value Chain के सभी स्तरों पर पड़ेगा। इस विषय के कुछ उल्लेखनीय क्षेत्र हैं:-

- मिट्टी की देखभाल के लिए AI : बर्लिन स्थित एक कृषि तकनीक स्टार्टअप PEAT ने **Plantix** नामक एक डीप लर्निंग एप्लीकेशन विकसित की है जो मिट्टी में संभावित दोषों और पोषक तत्वों की कमी की पहचान करती है। इस AI उत्पाद ने भारत सहित कई देशों का ध्यान बड़े पैमाने पर अपनी ओर आकर्षित किया है।

- AI Sowing App : Microsoft ने ICRISAT के साथ मिलकर Machine Learning और Power BI का उपयोग करके Microsoft Cortana Intelligence Suite द्वारा संचालित **AI Sowing App** विकसित की है। यह ऍप उपयोगकर्ता किसानों को बुवाई की इष्टतम तिथि पर बुवाई की सलाह और सूचनाएं भेजता है।
- Herbicide (खरपतवारनाशक) Optimization के लिए AI : **Blue River Technologies** ने कंप्यूटर विज़न और मशीन लर्निंग तकनीकों को डिज़ाइन और एकीकृत करके किसानों को खरपतवारनाशक के छिड़काव को न्यूनतम करने के लिए केवल उन्ही क्षेत्रों में छिड़काव करने में सक्षम बनाया है जहाँ खरपतवार मौजूद होते हैं।
- Precision Farming (सटीक खेती) के लिए AI : **NITI Aayog** और **IBM** ने किसानों को रियल-टाइम एडवाइजरी देने के लिए AI का उपयोग करके एक crop yield prediction model विकसित करने के लिए भागीदारी की है। यह परियोजना आसाम, बिहार, झारखंड, मध्य प्रदेश, महाराष्ट्र, राजस्थान और उत्तर प्रदेश के 10 महत्वाकांक्षी जिलों में कार्यान्वित की जा रही है।

शिक्षा

भारत में एक बड़ी युवा आबादी होने के कारण विकसित शिक्षा क्षेत्र की महत्ता कई गुना बढ़ जाती है। ग्रामीण स्कूलों में बच्चों के पढाई पूरी करने की दर बहुत कम है और इसके साथ ही खराब शिक्षण परिणामों जैसी चुनौतियाँ हमारी शिक्षा प्रणाली को प्रभावित कर रही हैं। इन कठिनाइयों को दूर करने के लिए कई AI टूल्स का इस्तेमाल किया जा सकता है। इस रिपोर्ट के अनुसार, शिक्षा क्षेत्र की मुख्य चुनौतियों का सामना करने के लिए अडाप्टिव लर्निंग टूल्स और इंटरैक्टिव इंटेलीजेंट ट्यूटरिंग सिस्टम जैसे AI-युक्त साधनों के उपयोग पर प्रमुख फोकस रहेगा।

Adaptive learning tools for customized learning

- इंटरैक्टिव इंटेलीजेंट ट्यूटरिंग क्षेत्र : बेहतर इंटरेक्टिविटी के लिए स्मार्ट कंटेंट बनाना। **Content Technologies Inc (CTI)** एक

AI अनुसंधान और विकास संगठन है जो कस्टमाइज्ड शैक्षणिक कंटेंट बनाने वाली AI विकसित करता है।

- आंध्र प्रदेश में **Microsoft** ड्रॉपआउट्स की भविष्यवाणी करने में मदद कर रहा है : राज्य में स्कूल छोड़ने की दर को कम करने के लिए आंध्र प्रदेश सरकार ठोस प्रयास कर रही है।
- Write to learn Pearson : **Pearson** का राइट-टू-लर्न सॉफ्टवेयर NLP-आधारित प्रौद्योगिकी का उपयोग करता है जो छात्रों को पर्सनलाइज्ड फीडबैक देने, संकेत देने और उनके लेखन कौशल को बेहतर बनाने के लिए सुझाव प्रदान करता है।

स्मार्ट सिटीज और इन्फ्रास्ट्रक्चर

भारत में शहरी क्षेत्रों में रहने वाली आबादी का प्रतिशत तेजी से बढ़ रहा है और वर्ष 2050 तक इसके लगभग 60% हो जाने की उम्मीद है। इस अनियोजित शहरीकरण के कारण भीड़भाड़, प्रदूषण, उच्च अपराध दर और खराब जीवन स्तर जैसी चुनौतियां पैदा होंगी जिनकी वजह से मौजूदा भारतीय शहरों की आधारभूत संरचना और प्रशासनिक जरूरतें पर भारी बोझ पड़ेगा। इस रिपोर्ट में खराब शहरी नियोजन, अक्षम सुविधा वितरण, नागरिक सेवाओं की बेहतर डिलीवरी, सार्वजनिक सुरक्षा में सुधार आदि के बारे में चर्चा की गई है और यह बताय गया है कि किस तरह से AI अधिकांश मुद्दों को स्मार्ट सिटी और इंटेलिजेंट सिटी की अवधारणाओं के क्रियान्वयन से समाप्त कर सकता है।

इस रिपोर्ट में स्मार्ट पार्क और सार्वजनिक सुविधाओं के निर्माण, स्मार्ट होम्स, AI-संचालित सेवा वितरण (जैसे कि चैटबॉट्स के माध्यम से शिकायत निवारण, नागरिक डेटा के आधार पर प्रेडिक्टिव सर्विस डिलीवरी, पूर्वानुमानित सेवा मांग के आधार पर प्रशासनिक कर्मियों का नियुक्तिकरण, माइग्रेशन ट्रेंड एनालिसिस), क्राउड मैनेजमेंट, इंटेलिजेंट सेफ्टी सिस्टम, साइबर हमलों को रोकना आदि के बारे में भी बात की गई है।

स्मार्ट मोबिलिटी और परिवहन

इस रिपोर्ट में मोबिलिटी और ट्रांसपोर्टेशन से जुड़े मुद्दों पर ध्यान देने के लिए आर्टिफिशियल इंटेलिजेंस के कार्यान्वयन पर बहुत जोर दिया गया है, विशेष

रूप से उन चुनौतियों के लिए जिनका सामना हम भारत में दिन प्रतिदिन करते हैं। जिन कुछ चुनौतीपूर्ण क्षेत्रों का उल्लेख किया गया है उनमें शामिल हैं भीड़भाड़, सड़क दुर्घटनाएँ, यातायात के कारण होने वाली मौतों की बड़ी संख्या, सार्वजनिक परिवहन बुनियादी ढांचे की कमी और इसी तरह की अन्य समस्याएं।

AI-aided स्मार्ट टेक्नोलॉजी जैसे असिस्टेड व्हीकल, ग्रीनफील्ड इन्फ्रास्ट्रक्चर, ऑटोनॉमस ट्रकिंग, इंटेलिजेंट ट्रांसपोर्टेशन सिस्टम, ट्रैवल रूट एंड फ्लो ऑप्टिमाइजेशन और कम्युनिटी-बेस्ड पार्किंग का इस्तेमाल करके इन चुनौतीपूर्ण क्षेत्रों का सामना किया जा सकता है।

चुनौतियां, समाधान और अनुशंसाएँ

इस रिपोर्ट में, भारत में आर्टिफिशियल इंटेलिजेंस को अपनाने में आने वाली प्रमुख चुनौतियों जैसे कि विशेषज्ञों की कमी, डेटा इकोसिस्टम की अनुपस्थिति, गोपनीयता और सुरक्षा से जुड़े मुद्दे, जागरूकता की कमी और सहयोग की अनुपस्थिति आदि का उल्लेख किया गया है।

रिपोर्ट में आयोग द्वारा की गई विभिन्न मूल्यवान अनुशंसाएँ भी शामिल हैं, जैसे कि स्वास्थ्य देखभाल, शिक्षा, कृषि आदि क्षेत्रों के लिए उचित मूल्य के स्थायी AI समाधानों के विकास को प्रोत्साहित करने के लिए एक मल्टी-स्टेकहोल्डर मार्केटप्लेस का निर्माण।रिपोर्ट में बड़े foundational annotated dataset का निर्माण करने पर भी जोर दिया गया है, यह कदम स्टार्टअप्स और अन्य AI अनुसंधान संगठनों द्वारा AI समाधानों के विकास को गति प्रदान करेगा।

विभिन्न क्षेत्रों में AI टूल्स के विकास के साथ-साथ AI को अपनाने के लिए, आयोग विभिन्न स्टेकहोल्डर्स और सरकार के बीच एक साझेदारी और सहयोगी दृष्टिकोण लाने की भी अनुशंसा करता है। यह रिपोर्ट नवीन दृष्टिकोणों और पहल के बारे में भी बताती है जैसे कि AI के फायदों के बारे में जागरूकता फैलाना, AI के उपयोग में वृद्धि करना, AI स्टार्टअप्स की आर्थिक मदद करना और एक National AI Marketplace (NAIM) और Data Marketplace स्थापित करना।

इस रिपोर्ट में AI क्रियान्वयन से जुड़ी नैतिकता, गोपनीयता और सुरक्षा से संबंधित चिंताओं का भी संक्षिप्त वर्णन किया गया है। यह रिपोर्ट AI ऍप्लिकेशन्स को सुरक्षित रखने और मानव जाति के बेहतर जीवन के लिए ऐसे चिंताओं से

निपटने के लिए लागू किए जाने वाले समाधानों और रेगुलेटरी उपायों के बारे में भी बात करता है।

रिपोर्ट के अंत में सरकार के लिए विज़न और कार्यवाही के बारे में बात की गई है जहाँ यह स्पष्ट रूप से कहा गया है कि विभिन्न क्षेत्रों में होने वाली AI पहल में सरकार की भूमिका मुख्य समन्वयक, सक्रिय प्रमोटर या मालिक की भूमिकाओं में से एक होने वाली है।

मेरे विचार में, AI के लिए राष्ट्रीय रणनीति पर NITI Aayog की रिपोर्ट उल्लेखनीय है, संभवतः अपनी तरह का पहला दस्तावेज है जो सभी फ़ोकस क्षेत्रों को कवर करता है और प्रमुख चुनौतियों, समाधानों, अनुशंसाओं तथा विभिन्न स्टेकहोल्डर्स की भूमिकाओं की चर्चा करता है।

यह रिपोर्ट और ज्यादा व्यापक हो सकती थी यदि विभिन्न क्षेत्रों (जैसे कि आयुर्वेद और वैकल्पिक चिकित्सा के लिए AI रणनीति, शारीरिक रूप से अक्षम नागरिकों के लिए AI का लाभ उठाना, महिला सशक्तीकरण और सुरक्षा के लिए AI, युवा और खेल विकास के लिए AI आदि) को इसमें शामिल किया जाता।

अध्याय 19

टूर एंड ट्रेवल्स क्षेत्र में AI - डिजिटल ट्रैवलर की यात्रा

एक डिजिटल यात्री की यात्रा को पाँच चरणों में विभाजित किया जा सकता है। आर्टिफिशियल इंटेलिजेंस और डिजिटलीकरण इन पाँच चरणों के कई पहलुओं को पहले से ही रूपांतरित कर चुके हैं। ये पाँच चरण हैं:

1. Dreaming
2. Planning
3. Booking
4. Onsite Experience
5. Feedback and Experience Sharing

हमारा मानना है कि प्रत्येक यात्रा की योजना की शुरुआत एक अद्भुत स्वप्न के साथ होती है और इस स्वप्न का स्रोत कुछ भी हो सकता है। स्वप्न देखने के इस चरण के दौरान, हम इस स्वप्न को वास्तविकता में बदलने के लिए किसी प्रेरणा की भी तलाश करते हैं। इसलिए हम अपने सपनों के यात्रा स्थलों और वहां होने वाले साहसिक कार्यों और पर्यटक गतिविधियों के बारे में जानकारी प्राप्त करने के लिए इंटरनेट का इस्तेमाल करते हैं। इंटरनेट पर ऐसा करते समय, हमें एक वेब पेज के दाहिने भाग में या ऑनलाइन ट्रैवल पत्रिका में एक बैनर विज्ञापन

मिल सकता है। यह विज्ञापन एक यात्रा कंपनी द्वारा प्रदान किया गया विज्ञापन होता है, जो उपयोगकर्ता को विज्ञापन पर क्लिक करने, यात्रा कंपनी की साइट पर जाने, ट्रेवल प्लान का चयन करने और अंत में ट्रेवल बुकिंग करने के लिए प्रोत्साहित करता है। यह एक लंबी प्रक्रिया है और ऐसी भरपूर संभावना होती है कि उपयोगकर्ता इसके बीच में अपनी रुचि खो सकता है और किसी अन्य साइट पर जाकर एक नई खोज शुरू कर सकता है।

अब, आर्टिफिशियल इंटेलिजेंस और इंटेलीजेंट कन्वर्सेशनल इंटरफेस के बढ़ते प्रसार के साथ, ट्रैवल कंपनियों ने उस बैनर विज्ञापन को एक आर्टिफिशियल इंटेलिजेंस चैटबॉट से बदल दिया है। यह बदलाव उपयोगकर्ता को चैटबॉट से सहज संवादी तरीके से बात करके विभिन्न यात्रा स्थलों और उनकी लागत और लोजिस्टिक्स से संबंधित जानकारी प्राप्त करने और अंत में फ्लाइट और होटल के टिकट को बुक करने में सक्षम बनाता है। और यदि आप अपनी छुट्टियों की योजना और बुकिंग के लिए कई बार चैटबॉट का उपयोग करते हैं, तो यह स्वचालित रूप से आपकी प्राथमिकताओं को पंजीकृत कर लेता है और अगली बार आपको ऐसे ट्रेवल प्लान की सिफारिश करता है जो विशेष रूप से आपके लिए बनाया गया हो और आपकी आवश्यकता के अनुरूप हो। प्रस्तावों का यह निजीकरण आज किसी भी व्यवसाय के लिए अत्यंत महत्वपूर्ण है क्योंकि कुछ अध्ययनों के अनुसार लगभग 70% उपयोगकर्ता अपनी पसंद के अनुसार व्यक्तिगत जानकारी चाहते हैं न कि सामान्य जानकारी।

Kayak और ऐसी कुछ अन्य ट्रेवल साइट्स अपने ग्राहकों को इसी तरह के कन्वर्सेशनल इंटरफ़ेस उपलब्ध करा रही हैं, जहां ग्राहक सामान्य भाषा में चैटबॉट के साथ टेक्स्ट-आधारित या वॉइस-आधारित बातचीत कर सकते हैं और ट्रेवल प्लानिंग और बुकिंग कर सकते हैं।

आम तौर पर यह देखा जाता है कि हम वास्तविक यात्रा की तुलना में यात्रा की योजना बनाने में अधिक समय बिताते हैं। यहां आप देख सकते हैं कि AI का उपयोग उन कई चैनलों में किया जा रहा है जिन चैनलों पर ग्राहक सक्रिय रहता है। अधिकांश लोकप्रिय ट्रैवल साइट्स और मोबाइल एप्स ग्राहकों के साथ इंटरफेसिंग के लिए चैटबॉट का उपयोग करते हैं। Facebook, Slack और Skype जैसे चैनल और booking.com, Skyscanner जैसी ट्रैवलिंग साइट्स अपने चैटबॉट्स को न केवल FAQ और Queries के लिए बल्कि अपने ग्राहकों को सर्च, बुकिंग और ट्रेवल के अन्य पहलुओं पर सहायता प्रदान करने के लिए भी लागू कर चुके हैं। कुछ अन्य उन्नत AI ऍप्लिकेशन्स भी हैं जो

आपके ईमेल और कैलेंडर को पढ़ने में सक्षम होते हैं और इसके आधार पर आपको ट्रेवल प्लानिंग की सलाह देते हैं उदाहरणार्थ ट्रेवल साइट Hipmunk (हिपमंक)।

आइए, अब सबसे रोमांचक चरण यानि Onsite Experience चरण की बात करते हैं। इस चरण में भी AI का उपयोग अति व्यापक है। ऐसी कई यात्रा कंपनियाँ हैं जो विभिन्न संभावित घटनाओं का प्रेडिक्टिव एनालिसिस (भविष्यसूचक विश्लेषण) प्रदान करती हैं और जिन्हें यात्री अपनी यात्रा के दौरान अनुभव कर सकते हैं। उदाहरणार्थ फ्लाइट की देरी का अनुमान मशीन लर्निंग तकनीक को अलग-अलग डेटा स्रोतों (जैसे एयर ट्रैफ़िक कंट्रोल डेटा, मौसम डेटा, बुकिंग इन्फॉर्मेशन, न्यूज़ या फ़्लाइट मैंटेनेंस से संबंधित डेटा) पर लागू करके लगाया जा रहा है। Google Flight 80% से अधिक निश्चितता से फ्लाइट में देरी की भविष्यवाणी कर सकता है।

कई एयरलाइन्स अब predictive maintenance पर भी नितेश कर रही हैं। मशीन लर्निंग और IoT जैसी तकनीकों का उपयोग करके यह अनुमान लगाया जा सकता है कि किसी विमान को कब मेंटेनेंस के लिए भेजा जाना है। यदि विमान के मेंटेनेंस संबंधित मुद्दों का इस तकनीक से पूर्वानुमान लगा लिया जाए तो इन मुद्दों के कारण होने वाली फ्लाइट की देरी या फ्लाइट को रद्द करने से भी बचा जा सकता है।

मशीन लर्निंग, डीप लर्निंग, वर्चुअल रियलिटी, ऑगमेंटेड रियलिटी और सिमुलेशन तकनीकें अब ट्रैवल इंडस्ट्री में बड़े पैमाने पर इस्तेमाल की जा रही हैं। हमारे अधिकांश डिजिटल अनुभव अब तक एक स्क्रीन या एक उपकरण के साथ बातचीत करने तक सीमित रहे हैं। यह स्क्रीन आपके मोबाइल, लैपटॉप, टेबलेट, आईपैड या एक वॉइस रिसीवर की इंटरैक्टिव स्क्रीन हो सकती है। लेकिन वर्चुअल रियलिटी की वह क्षमता आश्चर्यचकित कर देने वाली है जिसमे आप अपने आपको वर्चुअल अनुभवों के बीच में पाते हैं और आप उन अनुभवों के साथ इंटरैक्ट करते है।

वर्चुअल रियलिटी के द्वारा प्री-ट्रैवल एक्सपीरियंस में उन जगहों का अनुभव प्रदान करना शामिल है जहाँ आप यात्रा करने की योजना बना रहे हैं, ये अनुभव आपको वहां रहने के लिए प्रेरित करते हैं। वर्चुअल रियलिटी का उपयोग करते हुए अमेरिका के होटल मैरियट ने अपने ग्राहकों को टूरिस्ट स्थानों का प्री-बुकिंग अनुभव प्रदान किया है जिसके द्वारा ग्राहकों को लोकशन की विशेषताओं को महसूस कराया जा सके और उन्हें वहां छुट्टियाँ बिताने के लिए प्रेरित किया जा

सके। ट्रैवल कंपनियां पहले से ही कई क्षेत्रों में इस रणनीति को अपना रही हैं। उदाहरणार्थ, UK में थॉमस कुक द्वारा फ्लाइट सीट्स की Upselling के लिए इस तकनीक का प्रयोग किया जाता है और ग्राहकों को एक इकोनॉमी क्लास सीट और एक इकोनॉमी प्लस क्लास सीट के अंतर का प्री-बुकिंग अनुभव दिया जाता है ताकि ग्राहक फ्लाइट सीट बुक करने से पहले सीट लेगरूम के अतिरिक्त छह इंच के अंतर को अनुभव कर सके।

Quantic Airlines ने लंबी दूरी की उड़ानों में प्रथम श्रेणी के यात्रियों के मनोरंजन के लिए वर्चुअल रियलिटी को लागू किया है जो उन्हें थका देने वाली और उबाऊ उड़ान के बजाय एक नया और अलग अनुभव प्रदान करती है। यह किसी को भी पूरी तरह से अलग अनुभव में तल्लीन कर देने का एक तरीका है, जबकि वास्तविक रूप में वह व्यक्ति पूरी तरह से अलग वातावरण या जगह पर है।

AI फेशियल रिकॉग्निशन भी एक बहुत ही दिलचस्प तकनीक है जिसका इस्तेमाल कुछ एयरलाइंस द्वारा किया जा रहा है। उदाहरण के लिए, Delta Airlines ने बैगेज चेक-इन के लिए इस तकनीक का लाभ उठाया है। वे फेशियल रिकॉग्निशन का उपयोग व्यक्ति की पहचान के लिए करते हैं और बुकिंग के दौरान उपयोग किए गए पासपोर्ट या ड्राइविंग लाइसेंस में उपलब्ध तस्वीर के खिलाफ तुलना करके यह सुनिश्चित करते हैं कि दोनों तस्वीरें एक ही व्यक्ति की हैं। JetBlue AirWays फ्लाइट पर अपने यात्रियों की बोर्डिंग के लिए इसी तरह की AI तकनीक का उपयोग कर रहा है। इसी तरह दुबई एयरपोर्ट व्यक्ति की पहचान करने के लिए पहचान सुरंग का उपयोग करता है, जबकि वह व्यक्ति इस सुरंग से गुजर कर सुरक्षा जांच के लिए पहुँचता है। यात्रा में सुरक्षा सम्बन्धी इंटरेक्शन को कम करने के लिए ये प्रौद्योगिकियां बहुत योगदान देती हैं।

अब, जब आप गंतव्य में अपने होटल में पहुँचते हैं, तो यहाँ भी AI का उपयोग आपके अनुभव के स्तर को बढ़ाने के लिए किया जाता है, जैसे कि आप होटल लॉबी में आपकी ऑटोमैटिक पहचान और ऑटो चेक-इन हो जाता है। यह जानकर कि आप होटल की लॉबी में आ गए हैं, आपके कमरे में स्वचालित रूप से लाइट्स और एसी चालू हो जाते हैं और आप होटल में रहने के दौरान रूम सर्विस या किसी भी प्रश्न और चिंताओं के लिए चैटबॉट के साथ बातचीत कर सकते हैं। उदाहरणार्थ, Radisson Hotels रूम सर्विस के लिए चैटबॉट का उपयोग करते हैं। जरा कल्पना कीजिए कि आपके होटल के कमरे में सभी

उपकरण और सुविधाएं कनेक्टेड-डिवाइसेज हैं जिन्हें आप होटल द्वारा प्रदत्त स्मार्टफोन ऐप से रिमोट कण्ट्रोल कर सकते हैं।

अपनी यात्रा और दर्शनीय स्थलों के भ्रमण के दौरान, AI-युक्त डिवाइसेज आपको स्थानीय जगहों और संस्कृति के बारे में जानने का अवसर देती हैं। Google Translate जैसी AI ऍप्लिकेशन्स आपकी यात्रा के दौरान किसी भी भाषा को आपकी भाषा में अनुवाद करने में मदद करती हैं। इसके अलावा AI-युक्त डिजिटल तकनीकें पर्यटकों द्वारा विभिन्न पर्यटक स्थलों का पता लगाने के तरीकों में बदलाव ला रही हैं।

Times Traveller ऐप का उपयोग करके एक पर्यटक यह पता लगा सकता है कि अतीत में बर्लिन वॉल कैसी दिखती थी। ऐसा करने के लिए, उन्हें बस अपने स्मार्टफोन को लैंडमार्क की ओर निर्देशित करना होगा। ऐसा करने पर यह ऐप AI के द्वारा उस जगह को पहचान लेता है और संबंधित ऐतिहासिक फुटेज दिखने लगता है।

यात्री सुरक्षा के क्षेत्र में, सिमुलेशन तकनीक का इस्तेमाल कर रेस्क्यू (बचाव) कर्मचारियों को प्रशिक्षित किया जाता है ताकि उन्हें उन स्थितियों के दौरान वास्तविक परिस्थितियों जैसा अनुभव प्रदान किया जा सके जिन स्थितियों में बचाव कार्य किए जाने की आवश्यकता होती है।

भविष्य में सेल्फ ड्राइविंग कार ट्रैवल इंडस्ट्री में क्रांति लाने वाली है। ज़रा सोचिए, एक सेल्फ-ड्राइविंग कार ग्राहक को एयरपोर्ट से होटल तक ले जाती है या उसे मीटिंग के लिए ले जाती है। हम उस दिन की प्रतीक्षा बड़ी आतुरता से कर रहे हैं जब एयरपोर्ट पर आपको पिकअप करने के लिए एक सेल्फ ड्राइविंग कार आएगी; यह एक अद्‌त अनुभव होने वाला है।

यात्रा का अंतिम चरण है आपका अपने सपनों की यात्रा पूरी होने के बाद वाला फीडबैक। यह फीडबैक कई अलग-अलग रूपों में हो सकता है जैसे कि अपने दोस्तों और रिश्तेदारों के साथ अपने अनुभवों को साझा करना और उन्हें आपकी जैसी वेकेशन प्लानिंग के लिए प्रोत्साहित करना। कुछ लोग फोटो, वीडियो और टिप्पणियों को पोस्ट करके अपने यात्रा के अनुभवों को सोशल मीडिया पर साझा करते हैं। कुछ लोग यात्रा स्थल पर अपनी अच्छी / बुरी रेटिंग प्रदान करते हैं। कोई अन्य बिरला व्यक्ति अपनी अद्‌त छुट्टियों पर एक ब्लॉग लिखना पसंद करता है। एक ट्रैवल कंपनी के लिए अपने ग्राहकों से इस तरह की प्रतिक्रियाएं एकत्र करना बेहद महत्वपूर्ण है जो उन्हें इस बात की बहुमूल्य

जानकारी देंगी कि वे अपनी सेवाओं को और बेहतर कैसे बना सकते हैं और आर्टिफिशियल इंटेलिजेंस से भी यहाँ बहुत मदद मिल सकती है। ट्रेवल और टूरिज्म की पूरी Value Chain में सभी सेवा प्रदाता (चाहे वह ट्रेवल बुकिंग कंपनी हो, या एयरलाइंस हो, या होटल हो) इस बहुमूल्य डेटा को इकट्ठा करने की कोशिश कर रहे हैं और आर्टिफिशियल इंटेलिजेंस का उपयोग करके इस डेटा को संसाधित करते हैं। ये सभी सेवा प्रदाता इस प्रक्रिया के फलस्वरूप मिले सार्थक निष्कर्षों को दर्ज करते हैं और भविष्य में इनका उपयोग कर ग्राहकों की वरीयताओं की सटीक भविष्यवाणी करते हैं, और उन्हें बेहतरीन और पर्सनलाइज्ड सेवाएं प्रदान करते हैं।

अब आपको अनुमान हो गया होगा कि कैसे आर्टिफिशियल इंटेलिजेंस एक यात्री की यात्रा के स्वरुप को बदल रहा है और इस पूरी श्रृंखला में शामिल विभिन्न इकाइयां कैसे लाभान्वित हो रही हैं। यह AI क्रांति सभी यात्रियों के यात्रा अनुभव के स्तर को बढ़ाने और ट्रेवल और टूरिज्म व्यवसाय को आर्टिफिशियल इंटेलिजेंस की प्रचुर क्षमता से बदलने के द्वारा हो रही है।

अध्याय 20

आर्टिफिशियल इंटेलिजेंस के 100 शीर्ष उपयोग

आर्टिफिशियल इंटेलिजेंस को आमजन की भाषा में इस तरह परिभाषित किया जा सकता है कि आर्टिफिशियल इंटेलिजेंस चीजों को चुस्ती-फुर्ती से सीखने, समस्याओं के बीच पैटर्न खोजने और इस तरह से जुटाए गए ज्ञान से भविष्य की समस्याओं के हल सीखने का एक तरीका है। आर्टिफिशियल इंटेलिजेंस के उपयोगों का लगातार विस्तार हो रहा है और इसने बहुत तेजी से सभी उद्योगों में अपनी जगह बना ली है। इस अध्याय में आर्टिफिशियल और कॉग्निटिव इंटेलिजेंस के शीर्ष 100 बिजनेस उपयोग प्रस्तुत किए जा रहे हैं।

कृपया ध्यान दें कि यहाँ हम विभिन्न व्यवसायिक क्षेत्रों में आर्टिफिशियल इंटेलिजेंस के व्यापक उपयोगों की केवल उच्च-स्तरीय विवेचना करेंगें और प्रत्येक उपयोग के कई अन्य सह-उपयोग संभव हैं। अध्याय की भाषा को गैर-तकनीकी पाठक भी समझ सकें, इसके लिए इन व्यापक उपयोगों के कार्यान्वयन के तकनीकी विवरण को सारगर्भित रूप में प्रस्तुत किया गया है।

हेल्थकेयर क्षेत्र में आर्टिफिशियल इंटेलिजेंस के उपयोग

Personal AI Analyst

हम में से हर कोई, हर कभी, एक डॉक्टर से परामर्श का खर्च नहीं उठा सकता। सटीक सलाहकार एल्गोरिदम से लैस AI प्रणाली, मानव शरीर की जटिल स्थितियों को समझ सकती है और संभव चिकित्सकीय सिफारिशें दे सकती है। पर्सनल AI एनालिस्ट औषधीय अलर्ट्स और अलार्म भेज सकता है। आने वाले वर्षों में इस बात की पूरी सम्भावना है कि AI, मानवीय पर्यवेक्षण की गैरमौजूदगी में भी, एक रोगी की देखभाल कर सकेगा। पर्सनल AI एनालिस्ट प्रेरक वाणी से भी लैस हो सकता है जो कि आपको हर दिन प्रेरित कर सकती है। यह आपके व्यक्तिगत रूप से काम पर रखे गए स्वास्थ्य कोच के रूप में भी काम कर सकता है।

Healthcare Bots

एक चैटबॉट के नेपथ्य में हेल्थ केयर बॉट काम कर रहा होता है। यह आपको अपने क्लीनिकल अपॉइंटमेंट्स और दवाओं का लेखा-जोखा रखने में सहायक होता है। साथ ही यह अस्पताल की बिलिंग, शेड्यूलिंग और पेमेंट सुविधाओं में सुधार करने के लिए काम करता है। यह एक मरीज के लिए ऑनलाइन सेवा प्रदाता का काम करता है और उपचार की सम्पूर्ण प्रक्रिया को उन्नत बनाता है।

Miniature Operational Robot

यह एक ऐसी तकनीक है जो अभी विचाराधीन है। डॉक्टरों के लिए मानवीय शरीर के ऐसे आंतरिक क्षेत्रों की शल्य-चिकित्सा करना बहुत मुश्किल हो जाता है जो उनकी पहुँच से बाहर हों। मिनिएचर ऑपरेशनल रोबोट्स की प्रोग्रामिंग यदि सही तरीके से की जाए, तो इन्हें शरीर के अंदर उस कार्य को करने के लिए भेजा जा सकता है जिसे मानवी रूप से करना असंभव था। इन रोबोटों की कार्यों पर स्क्रीन द्वारा नजर रखी जा सकती है। ये रोबोट या तो रिमोट-संचालित होते हैं या आंतरिक रूप से प्रोग्राम्ड होते हैं। इनके द्वारा शरीर के संवेदनशील स्थानों की स्कैनिंग की जा सकती है और चित्र लिए जा सकते हैं।

Advanced Analytics & Research

AI का उपयोग मानव शरीर में असामान्यताओं का पता लगाने के लिए काफी समय से किया जा रहा है। एक्स-रे और एमआरआई जांचों से बच निकलने वाली असामान्यताओं का पता AI प्रोग्राम्स द्वारा विश्लेषण करके लगाया जाता है। फिर इन असामान्यताओं का निदान किया जाता है। AI में औषधीय लक्षणों को विकसित करने की कोशिश की जा रही है ताकि AI औषधीय समस्याओं के समाधान भी आसानी से प्रदान कर सके।

Assisting Doctors

AI को डॉक्टरों की मदद करने के लिए उपयोग किया जा रहा है ना कि उनका स्थान लेने के लिए। एक डॉक्टर के लिए एक ही समय में बहुत सारे रोगियों की देखभाल करना बहुत मुश्किल हो जाता है। AI एक ही समय में कई लोगों की देखभाल करने का दोहराव-भरा कार्य कर सकता है। AI के इस सहयोग से डॉक्टर की शारीरिक और मानसिक थकान को रोका जा सकता है।

Fast & Accurate Diagnosis

AI में कई बीमारियों का सटीक निदान करने की क्षमता है क्योंकि इसमें पिछले अनुभवों से सीखने और ऐसे पैटर्न्स का पता लगाने की क्षमता होती है जिनका पता सामान्य चिकित्सा उपकरणों और तकनीकों से नहीं लगाया जा सकता।

Therapeutic Robots

उपचार के दौरान, एक रोगी को लंबे समय तक एक ही स्थान पर बने रहने की आवश्यकता हो सकती है, जो ज्यादातर मामलों में रोगी के लिए शारीरिक और मानसिक रूप से थकानदायक हो सकता है। थेराप्यूटिक रोबोट्स को विशेष रूप से डिजाइन किया जाता है ताकि रोगी उन्हें गले लगा सके। ये रोबोट्स मरीज की सामाजिक निर्भरता को कम करने के साथ साथ शारीरिक और मानसिक थकान को काम करते हैं।

Online Healthcare & Assistance

शारीरिक देखभाल या चिकित्सक अपॉइंटमेंट्स को ऑनलाइन हेल्थ केयर द्वारा प्रतिस्थापित किया जा सकता है। इस क्षेत्र में AI अभी शैशवास्था में है और

इस पर शोध जारी है। यदि यह सफल होता है, तो हम हेल्थ केयर की लागत में भारी गिरावट देखेंगे।

Functional Displacement

कई मामलों में, मानव शरीर का एक हिस्सा रोगग्रस्त हो सकता है या अपनी गतिशीलता खो सकता है। यदि यह अंग मस्तिष्क से सही से जुड़ा हुआ है, तो AI इसे फिर से गतिशील बना सकता है और मस्तिष्क और इस अंग के बीच संबंध सुनिश्चित कर सकता है।

Physical Displacement

कभी कभी दुर्घटनावश या अन्य कारणों से मानव शरीर अपना कोई अंग खो सकता है। आर्टिफिशियल इंटेलिजेंस द्वारा संचालित एक रोबोटिक हाथ या पैर मानव शरीर में जोड़ा जा सकता है, यह कृत्रिम अंग असली अंग की तरह ही कार्य करता है। हालाँकि यह नई तकनीक अभी बहुत महंगी है, लेकिन हम निकट भविष्य में इसका विस्तृत उपयोग देखने की उम्मीद करते हैं।

Assistance for Alzheimer's Disease

अल्जाइमर रोग एक प्रारंभिक चरण में शुरू होता है और समय के साथ इस स्तर तक बिगड़ जाता है कि रोगी अपनी मानसिक और शारीरिक क्षमताओं को खो देता है। सही सहायता से, रोगी को यथासंभव सामाजिक रूप से बातचीत करने में सक्षम बनाया जा सकता है। दिमाग से जुड़े AI सिस्टम में स्पीच उत्पन्न करने वाले प्रोग्राम्स को मिश्रित किया जाता है, जिसके द्वारा रोगी को अपनी आवश्यकताओं के लिए संवाद करना संभव हो जाता है।

ऑटोमोबाइल क्षेत्र में आर्टिफिशियल इंटेलिजेंस के उपयोग

Driver Assistance

स्वचालित कारें ड्राइविंग में आपकी सहायता इसलिए कर पाती हैं क्योंकि उनमें सेंसर लगे होते हैं। इस तरह की कारों में प्रस्तुत ये नई सुविधाएँ ड्राइवर का ड्राइविंग सम्बन्धी भार काम कर देती हैं। अगर ड्राइवर थोड़ी देर के लिए

भी विचलित हो जाता है तो भी कार काम करती रहती है। अधिकांश ड्राइवरों ने अब स्मार्ट AI तकनीकों से युक्त स्वचालित कारों को मैनुअल कारों पर तरजीह देना शुरू कर दिया है।

Geo-Analytical Capabilities

जीपीएस प्रणाली के विकास के साथ अब किसी को भी उस मार्ग के बारे में जरा भी चिंता करने की आवश्यकता नहीं है जिस पर उनका परिवहन चल रहा है। कई परिवहन प्रदान करने वाली कंपनियों ने प्रौद्योगिकी से अधिकतम लाभ प्राप्त करने की कोशिश की है। उनकी कारों या अन्य परिवहन संसाधनों का एक नेटवर्क उन सभी को एक इकाई से जोड़कर बनाया गया है। AI -युक्त कारों के साथ, उपयोगकर्ता ऐसी किसी भी समस्या का पता लगा सकते हैं जिसका सामना उनके वाहन कर रहे हैं और अग्रिम में ही एहतियातन उपाय कर सकते हैं। बढ़ी हुई कनेक्टिविटी ने ऑटोमोबाइल को सोशल मीडिया नेटवर्क से भी जोड़ा है।

AI-enabled Smart Sensors

स्मार्ट सेंसर्स, कार के अंदर किसी भी तकनीकी खराबी और यहां तक कि चिकित्सा आपातकालीन स्थितियों का भी पता लगा सकते हैं। वे आपको किसी भी संभावित खतरे से पहले ही आगाह करके आपको बचा सकते हैं। ये सेंसर आपकी अनुपस्थिति या उपस्थिति में आपके वाहन की सुरक्षा को देखते हैं और AI तकनीकों का उपयोग करते हुए प्रेडिक्शंस (भविष्यवाणी) कर सकते हैं।

Drives the Driverless Cars

डीप लर्निंग तथा अन्य उन्नत तकनीकों का उपयोग करके AI -आधारित ड्राइवर एक मानव के समान ड्राइव कर सकता है। यह वास्तविक ऑडियो और विजुअल्स से सीखता है। ध्यान देने वाली दिलचस्प बात यह है कि AI -आधारित ड्राइवर अनुभव से भी सीख सकता है; यह जितनी अधिक घटनाओं का सामना करता है, उतना ही बेहतर ड्राइवर होता जाता है।

Assisted Driving

असिस्टेड ड्राइविंग एक ऐसा माध्यम है जो उन लोगों की सहायता करता है जो ड्राइव करने में कम सक्षम हैं। AI -युक्त वाहन लचीले होते हैं और

किसी भी तरह की शिथिलता वाले ड्राइवर के लिए काम कर सकते हैं। स्पीच रिकग्निशन, कैमरे से जुड़ा विज़न सिस्टम और ऐसी बहुत सारी विशेषताएं कार में डाली जाती हैं। ये सारी सुविधाएँ, ड्राइवर को बिना किसी शारीरिक मेहनत के इस सिस्टम को काम में लेने में सक्षम बनाती हैं। यह मानव मशीन पहले से ही वाहन से जुड़े अधिकांश यांत्रिक भागों को बनाएगी। ADAS (एडवांस्ड ड्राइवर असिस्टेंस सिस्टम), इस क्षेत्र में आर्टिफिशियल इंटेलिजेंस तकनीकों के आगमन के साथ अधिक स्मार्ट होते जा रहे हैं।

Update System

कार निर्माता कंपनियां, अपनी डिवाइस को ऑनलाइन अपडेट करने में सक्षम होंगीं। इंटरनेट हमेशा ऑटोमोबाइल उद्योगों की एक प्रमुख संपत्ति रहा है। इन Innovation और AI तकनीकों के साथ, एक वाहन का अपडेट बहुत आसानी से हो जाएगा।

Infotainment System

इन-कार एंटरटेनमेंट (ICE), और इन-व्हीकल इंफोटेनमेंट (IVI) भी अब AI -युक्त हैं जो आपकी पसंद के अनुसार व्यक्तिगत मनोरंजन प्रदान करने में सक्षम हैं।

Security Advances

एडवांस व्हीकल सिक्योरिटी सिस्टम, जो चोरी को रोकने के लिए और वाहन का सही स्थान निर्धारित करने के लिए जीपीएस और जीएसएम प्रणाली का उपयोग करता है, अब AI से लैस है जो उपयोगकर्ता को खतरे के बारे में तुरंत सूचित कर सकता है। ऑडियो सेंसर से युक्त यह सिस्टम केवल उसी आवाज के लिए काम करता है जिसे यह पहचानता है। किसी भी खतरे के खिलाफ रक्षा AI क्षमताओं द्वारा संचालित सेंसर द्वारा प्रदान की जाती है।

Transportation

Semi-automated AI-aided Truck Delivery का सफलतापूर्वक परीक्षण किया जा चुका है, जिसमें परिवहन व्यवसाय को एक नया आयाम प्रदान करने की क्षमता है। AI निश्चित रूप से भविष्य में ट्रक डिलीवरी का पूरा ऑटोमेशन

संभाल लेगा। इसके अलावा, AI और मशीन लर्निंग का बहुत बड़ा प्रभाव रूट ऑप्टिमाइज़ेशन, स्पीड रेगुलेशन, लॉजिस्टिक्स और नेटवर्क डिस्ट्रीब्यूशन ऑप्टिमाइज़ेशन जैसी अन्य महत्वपूर्ण परिवहन आवश्यकताओं पर पड़ता है।

बैंकिंग और वित्त क्षेत्र में आर्टिफिशियल इंटेलिजेंस के उपयोग

Fraud Detection

आर्टिफिशियल इंटेलिजेंस का उपयोग कर वित्तीय लेनदेनों में ऐसी छोटी से छोटी धोखाधड़ी का भी पता लगाया जा सकता है जो मानवीय जांच या किसी अन्य पारंपरिक सत्यापन प्रणाली द्वारा न पहचानी जा सके। न्यूरल नेटवर्क पर निर्मित डीप लर्निंग आधारित एल्गोरिदम्स ने इस क्षेत्र में आशाजनक परिणाम दिखाए हैं और बैंकिंग तथा वित्तीय संस्थानों ने इन्हें तेजी से अपनाना शुरू कर दिया है। इसी दृष्टिकोण को ई-कॉमर्स और कई अन्य उद्योगों में विभिन्न प्रकार की धोखाधड़ी का पता लगाने के लिए लागू किया जा सकता है।

Counterfeited Documents

आर्टिफिशियल इंटेलिजेंस द्वारा केवल एक स्कैनिंग में ही नकली हस्ताक्षरों और हस्तलिखित स्टेटमेंट्स का पता लगाया जा सकता है। वित्तीय दस्तावेजों की सुरक्षा वित्तीय संस्थानों यथा बैंकों, शेयर बाजार या वित्तीय केंद्रों आदि की सर्वोच्च प्राथमिकता मानी जाती है। AI -संबंधित एल्गोरिदम्स का उपयोग करके, इन क्षेत्रों में वित्तीय दस्तावेजों की सुरक्षा को बहुत कुशलता से सुनिश्चित किया जा सकता है।

Algorithm Techniques

चाहे वित्तीय लेन-देन हो या स्टॉक ट्रेडिंग, ऐसे हर वित्तीय व्यवहार में AI एक पैटर्न का पता लगा सकता है और पर्याप्त प्रक्रियाओं से गुजरने के बाद संख्यात्मक इनपुट को संसाधित करने के लिए अपनी तकनीकों को बदलना शुरू कर देता है। इस प्रक्रिया में प्रायिकता विधियों और फजी लॉजिक के उपयोग के परिणामस्वरूप प्रेडिक्शन्स (पूर्वानुमान) और अलर्ट्स उत्पन्न किए जा सकते हैं।

AI Vision replacing Barcode Reading

हालांकि Barcode Reading का उपयोग विभिन्न उद्योगों में काफी समय से हो रहा है, परन्तु AI Vision, Barcode Reading के सबसे कुशल विकल्पों में से एक है। Image Recognition तकनीक का उपयोग कर ग्राहक किसी वस्तु का फोटो लेकर उसे सीधे अपनी शॉपिंग लिस्ट में शामिल कर सकते है या उस जैसी अन्य वस्तुओं या उत्पादों को पहचान सकते हैं।

Robo-Advisors

Robo-Advisors (रोबो सलाहकार) in-built वित्तीय गाइड होते हैं जो आपको न्यूनतम मानवीय पर्यवेक्षण के तहत वित्तीय सलाह प्रदान करते हैं। चैटबॉट सुविधा से युक्त इस तरह की AI सुविधा सबसे अच्छी सलाह देने का अनुभव दे सकती है। इन सलाहकारों द्वारा प्रदान की गई सलाहें काफी संतोषजनक पाई गई हैं और इन स्मार्ट सलाहकारों को कई वित्तीय संस्थानों में अपनाया गया है।

Innovative Capabilities

AI एक नई स्थिति में कुछ नया करने की क्षमता रखता है और यही वह गुण है जो इसके उपयोगकर्ताओं को अपडेट (अद्यतन) और संतुष्ट रखता है। यह आपके साथ उसी तरह से बातचीत और संदर्भ की पृष्ठभूमि से लैस होकर बातचीत शुरू कर सकता है जिस तरह से एक सामान्य व्यक्ति बुद्धिमत्तापूर्ण तरीके से करता है। यह ऐतिहासिक डेटा और बाजार के विश्लेषण द्वारा नवीन सुझाव, सिफारिशें और भविष्यवाणियाँ उत्पन्न कर सकता है। AI एल्गोरिदम, भविष्य में किसी परियोजना या बाज़ार का व्यवहार कैसा होगा, इसके लिए लेखाचित्र और विभिन्न रणनीतियां बना सकते हैं।

Analyzing Audio Data

दुनिया भर के विभिन्न केंद्रों से आई कॉल्स को संसाधित और निरीक्षित किया जाता है। हर कंपनी में इतने कर्मचारी नहीं होते हैं जो हर दिन हर कॉल का निरिक्षण कर सकें। दूसरी ओर, AI उन समस्याओं के लिए समाधान प्रदान करता है जिनका जिक्र कॉल करने वाले व्यक्ति कॉल पर करते हैं। इस तरह से ऑडियो डेटा विश्लेषण, व्यवसायों को ऑटोमेटेड रूप से अपने ग्राहकों के साथ हो रही बातचीत में से उपयोगी जानकारियां निकालने में सक्षम बनाता है।

Finance Journalism

वित्तीय पत्रकारिता का मकसद व्यवसाय के फलते-फूलते समय हुए प्रत्येक लेनदेन की प्रविष्टि करना है। AI इस कार्य को बहुत प्रभावी ढंग से कर सकता है। AI याददाश्त और संख्याओं के मामले में बहुत प्रभावी है, और जब जरूरत पड़े तो AI में पूरा रिकॉर्ड संग्रहीत मिलेगा जिससे ग्राफ बनाने और आंकड़े तैयार करने में मदद होगी।

Cerebellum Capital

सेरेबैलम कैपिटल नामक फर्म AI का उपयोग कर अपने आप को परिवर्तित करने वाले प्रोग्राम बना रही है । AI द्वारा सभी सम्बंधित मापदंडों को ध्यान में रखकर प्रोग्राम में बदलाव लाया जाता है और निवेश सम्बन्धी महत्वपूर्ण निर्णय लिए जाते हैं। इस तकनीक के अंतर्गत जब भी प्रोग्राम में बदलाव महसूस किया जाता है तो सिस्टम द्वारा सम्पूर्ण वित्त प्रणाली का परीक्षण, रीमॉडेलिंग और संशोधन किया जाता है।

An AI Strategist

एक AI एल्गोरिदम किसी कंपनी या फर्म के उद्देश्य और लक्ष्य निर्धारित कर सकता है। AI उन चुनौतियों को ध्यान में रखता है जिनका सामना आने वाले वर्षों में कंपनी कर सकती हैं। यह एक चेतावनी प्रणाली के द्वारा चेतावनी भी दे सकता है और किसी संगठन के रणनीतिक स्तर पर एक सलाहकार प्रणाली के रूप में भी कार्य कर सकता है।

Targeting Potential Customers

बैंकों को नए और मौजूदा उत्पादों के लिए हर हाल में ग्राहकों तक पहुंच बनाने की जरूरत होती है। यह काम AI द्वारा आसान बनाया जाता है जिसका उपयोग कर मौजूदा और संभावित ग्राहकों को पहचाना जा सकता है और विभिन्न बैंकिंग उत्पादों और सेवाओं पर ग्राहकों के नवीनतम अनुसंधान और रुचि पर नजर रखी जा सकती है।

Creating Efficient Sales System

यदि आप चाहते हैं कि आपके ग्राहक आपके उत्पादों और सेवाओं तक तत्परता से पहुंचें, तो आपके AI के काम करने के तरीकों को परिणामों की

सटीकता और दक्षता के लिए उपर्युक्त बनाया जा सकता है। AI को कस्टमर रिलेशनशिप मैनेजमेंट (सी.आर.एम.) सिस्टम से एकीकृत करके उद्यम की बिक्री प्रणाली को अति प्रभावी बनाया जा सकता है।

Works for Multiple Device

जहाँ उत्पादों और सेवाओं को ग्राहक के व्यक्तित्व के हिसाब से ढालना एक कठिन चुनौती है, कई उपकरणों में यह सुविधा उपलब्ध करा पाना और भी कठिन है। आज एक ग्राहक आमतौर पर एक से अधिक उपकरण का उपयोग करता है। AI का उपयोग कर एक ग्राहक द्वारा इस्तेमाल किए जाने वाले सभी उपकरणों में एक जैसी सहायता और सुविधाएं प्रदान की जा सकती हैं।

Empowers Store Workers

इस धारणा के विपरीत कि AI मनुष्यों की जगह ले रहा है, AI कई कमजोर लोगों का सहारा बन गया है। जैसे ऑनलाइन ग्राहक चैटबॉट के साथ बातचीत का अनुभव करते हैं, इसी तरह स्टोर कर्मचारियों के साथ काम करने वाले AI का उद्देश्य भी उनके द्वारा की जाने वाले मार्केटिंग के प्रयासों को यथासंभव इंटरैक्टिव बनाना है।

Improves Recommendations

जैसे जैसे AI प्रोग्राम्स परिवर्तनों का अनुभव करते हैं, वे अपने आप को सकारात्मक रूप से परिवर्तित करते जाते हैं। AI प्रोग्राम, ग्राहक के उन परिस्थितियों में व्यवहार और अरुचि के स्तरों का भी अध्ययन करता है जो ग्राहक द्वारा कंपनी के उत्पाद चुनते समय या उत्पाद में किसी खराबी का पता लगने पर उत्पन्न होती हैं। इसी तरह AI प्रोग्राम, ग्राहकों से सकारात्मक प्रतिक्रियाएं मिलने पर अपनी अनुशंसाओं को परिवर्तित करता है।

Helps in Website Navigation

AI का मुख्य काम मनुष्यों के कार्यों को जितना संभव हो उतना आसान करना है। ज्यादातर लोग यह नहीं जानते कि एक वेबसाइट को कैसे नेविगेट करना है। हम में से हर एक इस तकनीक का सम्पूर्ण जानकार नहीं है। इस स्थिति में विशिष्ठ AI -युक्त वेबसाइट अपने नए उपयोगकर्ताओं के लिए वेबसाइट पर उपलब्ध हर जानकारी तक पहुँच पाने की प्रक्रिया को आसान बनाती हैं।

Online Customer Support

नेचुरल लैंग्वेज डिटेक्शन तकनीक से युक्त AI, ग्राहक द्वारा कंपनी से बातचीत करना आसान बनाता है। यह चैटबॉट्स से एक स्तर ऊपर है, इसे इंटेलिजेंट एडवांस्ड चैटबॉट भी माना जा सकता है जो ग्राहक के अनुभव को पूरी तरह से अलग नए सकारात्मक स्तर पर ले जा सकता है।

Biometric Technology

अन्य AI तकनीकों की तुलना में बायोमेट्रिक प्रौद्योगिकी मनुष्यों के साथ सबसे अधिक इंटरैक्टिव तकनीक है। बायोमेट्रिक तकनीक में विभिन्न मानव शरीर के अंगों की संरचना का अध्ययन करने और शारीरिक विश्लेषण के आधार पर किसी भी व्यक्ति को पहचानने की क्षमता होती है। बायोमेट्रिक सत्यापन को सबसे सटीक और सर्वश्रेष्ठ सत्यापन तकनीक माना जाता है।

विनिर्माण और डिजाइन क्षेत्र में आर्टिफिशियल इंटेलिजेंस के उपयोग

Airplane Designing

एक हवाई जहाज में 3000 से अधिक यांत्रिक भाग होते हैं। इन सभी भागों में एक साथ अच्छी तरह से फिट हो पाने की आवश्यकता होती है। एक बुद्धिमान AI सॉफ्टवेयर का उपयोग यह सुनिश्चित करने के लिए किया जाता है कि हवाई जहाज का प्रत्येक भाग अपनी सही जगह पर है या नहीं। इसके साथ ही हवाई जहाज में ऑटोमेटेड इंजन का उपयोग बेहद लाभदायक होता जा रहा है। इसमें लगे सेंसर किसी भी ऐसे संभावित खतरे या जलवायु परिवर्तन का पता लगा सकते हैं जो विमान को नुकसान पहुंचा सकते हैं। सेंसर और कई ऐसे इलेक्ट्रिक भाग जिन्हें परिवर्तनशील परिस्थितियों में काम करना होता है, उन्हें AI एल्गोरिदम द्वारा नियंत्रित किया जाता है।

Blueprint Designing

AI की कुशलता इस बात से मापी जा सकती है कि वह उस कार्य को करने में कितना सक्षम है जो केवल मानव विशेषज्ञों द्वारा किया जा सकता है। ग्राफिकल एल्गोरिदम का उपयोग करके AI आवश्यक परिस्थितियों के लिए ब्लूप्रिंट (खाका) बना सकता है। इस प्रक्रिया में उन तरीकों के प्रबंधन की जरूरत होती

है जो अलग-अलग जरूरतों के लिए बन रहे शहर या स्मार्ट शहर का निर्माण करने के लिए प्रयुक्त किए जा रहे हैं और जिनके लिए कुशल भू-विश्लेषण की आवश्यकता होती है। इस क्षेत्र में आर्टिफिशियल इंटेलिजेंस ने मानव विशेषज्ञों पर महारत हासिल कर ली है।

Architecture & Town Planning

AI काफी समय से इमारतों के निर्माण में इंजीनियरों की सहायता कर रहा है। AI केवल डिजाइन ही नहीं करता है, बल्कि यह पुनर्निर्माण भी करता है। यह देखा गया है कि कुछ इमारतों के सममितीय (सिमेट्रिक) डिजाइन एक विशिष्ट पैटर्न का पालन करते हैं। ये पैटर्न या पैटर्न्स की श्रृंखला, शक्तिशाली AI -आधारित प्रोग्राम्स द्वारा तय की जाती है।

Artificially Designed Intelligent Machines

इंटेलीजेंट मशीनें आज हर जगह मौजूद हैं और औद्योगिक रोबोट्स इनके सबसे अच्छे उदाहरण हैं। ये रोबोट नीरस परन्तु महत्वपूर्ण कार्यों के लिए उपयोग किए जाते हैं, और वे बड़े पैमाने पर मानवीय श्रमशक्ति की जगह इस्तेमाल किए जाते हैं। रोबोट्स का उपयोग द्वारा ऑटोमेशन करने से उत्पादन लागत में काफी कमी लाई जा सकती है, साथ ही विनिर्माण और उत्पादन में उत्कृष्टता लाई जा सकती है।

Graphic Designing

डिजाइनिंग के क्षेत्र में क्रिएटिव होना अति महत्वपूर्ण है और इस क्षेत्र में किन्ही निश्चित नियमों का पालन नहीं किया जाता है। यह एक मिथक है कि ग्राफिक डिज़ाइनर को यांत्रिक या तार्किक काम नहीं करना पड़ता है। इस क्षेत्र में AI काफी रचनात्मक साबित हो सकता है; साथ ही इसके क्रिएटिव सेचुरेशन (रचनात्मक संतृप्ति) की स्थिति में पहुँचने की संभावनाएँ भी नगण्य हैं।

Smart Factory Technology

स्मार्ट AI तकनीक अपनाने से कंपनी के उत्पादन में सुधार होता है। चूँकि कर्मचारियों को रोजमर्रा के कार्यों में सहायता की आवश्यकता होती है, ऐसे में AI रोबोट वह सब शारीरिक और मानसिक काम बड़ी आसानी से कर लेते हैं जो मनुष्य को थका सकते हैं।

AI-Optimized Hardware

AI -ऑप्टिमाइज़्ड हार्डवेयर वह हार्डवेयर है जो AI एल्गोरिदम को कुशलतापूर्वक निष्पादित कर सकता है। कई कंपनियां पहले से ही AI -युक्त इंटीग्रेटेड चिप्स विकसित करने की दौड़ में हैं जिनके द्वारा डीप लर्निंग और अन्य AI तकनीकों का भरपूर उपयोग किया जाएगा।

Decision Making

AI में बाहरी परिस्थितियों के आधार पर सीखने और पुनर्निर्माण की क्षमता होती है। यह किसी भी व्यवसाय में निर्णय लेने की प्रक्रिया के लिए एक कुशल सहायक प्रणाली है क्योंकि इसमें बड़ी मात्रा में ऐतिहासिक डेटा का विश्लेषण करने और उससे निष्कर्ष निकालने की क्षमता होती है जो किसी भी निर्णय लेने की प्रक्रिया में एक बड़ी मदद हो सकती है।

3-D Printing Technology

एडिटिव टेक्नोलॉजी का उपयोग करके 3-डी प्रिंटेड इमेजेस बनाई जाती हैं। यह प्रौद्योगिकी, सिस्टम को वस्तु की भौतिक डिजाइन को बारीकी से देखने और 3-डी प्रिंटिंग करने से पहले आवश्यक संशोधन करने में सक्षम बनाती है। इस प्रौद्योगिकी को परिपूर्ण ज्यामितीय कौशल की जरूरत होती है जो कि एक AI -युक्त स्मार्ट मशीन ही प्रदान कर सकती है।

Animation

ग्राफिकल डिजाइन एल्गोरिदम का उपयोग करके हमने AI का भरपूर लाभ उठाना शुरू कर दिया है। AI न केवल कार्टून या फिल्म के पात्रों की छवियों के साथ, बल्कि ऑडियो प्रभाव के साथ भी मदद करता है। यह एक चरित्र की आवाज और भाव-भंगिमाओं को उत्पन्न करता है। कुछ मामलों में, AI को स्क्रीन पर डिजाइन किए जाने वाले चरित्र में परिपूर्णता लाने के लिए मानवीय हलचलों का अध्ययन करने की आवश्यकता हो सकती है। साथ ही, यह मानवीय भावनाओं को एक चरित्र के चेहरे पर चित्रित कर सकता है।

शिक्षा क्षेत्र में आर्टिफिशियल इंटेलिजेंस के उपयोग

Grading

बड़ी संख्या में छात्रों को ग्रेड देना एक थका देने वाला काम हो सकता है, खासकर जब ग्रेडिंग सिस्टम के पैरामीटर सरल न हों। AI -युक्त तकनीक का उपयोग कर स्कैनर या ऑप्टिकल कैरेक्टर रिकग्निशन टेक्नॉलॉजी तीव्र गति से टेस्ट पेपर्स का मूल्यांकन कर सकती हैं। इस तरह की तेज प्रक्रिया से छात्रों की ग्रेडिंग प्रामाणिक और कुशलतापूर्वक की जा सकती है।

Educational Software

शैक्षणिक सॉफ्टवेयर काफी समय से चलन में है, लेकिन AI -युक्त शैक्षणिक सॉफ्टवेयर की बात ही अलग है। AI -युक्त शैक्षणिक सॉफ्टवेयर व्यक्तिगत शिक्षा प्रदान करता है। यह व्यक्तिगत स्तर पर अलग अलग मनुष्यों से उनकी विशिष्ठाओं और क्षमताओं के आधार पर बातचीत करता हैं।

Course Improvement

'Update & Refresh' शिक्षा का प्रमुख पहलू है। दुनिया तेजी से बदल रही है, शिक्षकों को शोध-आधारित अध्ययन करने की आवश्यकता है। AI सॉफ़्टवेयर बता सकता है कि पाठ्यक्रम के किन क्षेत्रों पर अतिरिक्त ध्यान देने की आवश्यकता है और किस सामग्री को पूरी तरह से अद्यतन या प्रतिस्थापित करने की आवश्यकता है।

AI Tutor

हम में से हर एक पहली बार में किसी अवधारणा को समझने में सक्षम नहीं है। AI ट्यूटर एक व्यक्तिगत शिक्षण सहायक का कार्य करता है। ये ट्यूटर्स स्कूल के बाद के समय में छात्रों को मदद प्रदान करते हैं और इस तरह से शिक्षकों का भार कम करते हैं।

AI effects how we interact with new information

Google इस तकनीक का सबसे अधिक उपयोग करता है। समय-समय पर, नए संसाधनों और तथ्यों की मांग में तेजी आती है। AI तकनीक इस पर नजर

रख सकती है और अनुसंधान इंजन या किसी अन्य संसाधन को संशोधित कर सकती है जिसे हम उपयोग करना चाहते हैं।

Grammar Correction App

हालाँकि यह आवश्यक रूप से शिक्षा के लिए मदद नहीं करता है, लेकिन निश्चित रूप से विद्यार्थियों के आउटपुट को बढ़ाता है। AI सभी व्याकरण के नियमों को सीखने और टाइपिंग के दौरान उपयोगकर्ता द्वारा की गई गलतियों को ठीक करने के लिए बनाया गया है। हम में से अधिकांश के लिए यह अत्यधिक प्रभावी साबित हुआ है। एक वर्ड प्रोसेसर सॉफ्टवेयर के विपरीत, यह वाक्य और पैराग्राफ संरचना के लिए एक साथ मदद करता है।

Alter the Role of Teachers

हम जानते हैं कि AI छात्रों की ग्रेडिंग दर्ज करने, छात्रों की उपस्थिति दर्ज करने और छात्रों को पढ़ाने में शिक्षकों की सहायता करता है। यदि यह प्रक्रियाएं चलती रहीं, तो आने वाले समय में AI शिक्षकों की मुखर भूमिका का भी स्थान लेने में सक्षम हो जाएगा। हालांकि यह कई लोगों को खतरा लग सकता है, परन्तु यह खतरा नहीं है। शिक्षक हमेशा नए AI सिस्टम की मदद ले सकते हैं और शिक्षकों का AI पर प्रभुत्व जारी रहेगा।

Educational Simulations

फ्लाइट और ड्राइविंग जैसे सिमुलेशन काफी समय से चलन में हैं। इनका निर्माण इनके वास्तविक स्वरुप (जैसे असली विमान उड़ाने या असली कार चलाने) की तुलना में बहुत आसान है। सिमुलेशन असली चालन के खतरों को खत्म करते हैं और खतरनाक परिस्थितियों में प्रशिक्षुओं की तात्कालिक प्रतिक्रियाओं की निगरानी करते हैं। AI की मदद से इन प्रतिक्रियाओं और परिस्थितियों को ध्यान में रखा जाता है और आउटपुट रिपोर्ट के लिए पर्याप्त जानकारी प्रदान करने के लिए संसाधित किया जाता है।

Smart data Gathering

AI मनुष्यों की तुलना में कहीं बेहतर पाठ्यक्रम तय कर सकता है। स्मार्ट इंटरनेट अनुसंधान कार्यक्रम और बाकी दुनिया से इसकी बेहतर कनेक्टिविटी के द्वारा, यह आज की दुनिया की विशेषज्ञता की आवश्यकताओं को सीखता

है। यह तय कर सकता है कि छात्रों को अपने व्यावहारिक जीवन में कौन सी जानकारी की आवश्यकता होगी और क्या चीज़ अध्ययनों को अधिक इंटरैक्टिव बनाती है।

Creates Better Observers

लगातार बदलती दुनिया के साथ, उस आउटलेट को बदलना असंभव हो जाता है जिस पर छात्र अपने शोध पर मंथन कर सकते हों। AI ऐसी स्थिति बना सकता है जो छात्रों को विषय की प्रकृति के साथ इंटरैक्ट किए बिना उसकी निगरानी करने में सक्षम बनाती है। छात्रों की अवलोकन तकनीकों को व्यावहारिक तरीके से अनुभव प्रदान करके बढ़ाया जा सकता है।

रिटेल क्षेत्र में आर्टिफिशियल इंटेलिजेंस के उपयोग

Websites that Evolves with You

सेल्फ-लर्निंग एल्गोरिदम से लैस Webshops आपकी आवश्यकताओं के अनुसार विकसित होती हैं। वे ग्राहकों द्वारा की जा रही सर्च पर नज़र रखती हैं और उन वस्तुओं की व्यवस्था करती हैं जिनकी निकट भविष्य में सबसे अधिक आवश्यकता होगी। ये सेल्फ-लर्निंग एल्गोरिदम, वेबसाइट्स के विज़िटर्स के व्यवहार, उम्र, रुचि और लिंग के आधार पर खुद को अपडेट करते रहते है।

Smart Assistant

काफी लंबे समय से चैटबॉट्स स्मार्ट सहायकों के रूप में अपने उपयोगकर्ताओं को स्वचालित उत्तर दिए जा रहे हैं। अब नव-विकसित चैटबॉट पेशेवर सलाह देने लगे हैं और आपसे बात करने के दौरान स्वतः ही सीखते रहते हैं। AI की सेल्फ लर्निंग क्षमता को यहाँ सबसे प्रभावी माना जाता है।

Better Advertisement

लोगों के साथ बातचीत करने के कुछ दिनों के बाद AI यह जानने में सक्षम हो जाता है कि एक रिटेलर (खुदरा व्यापारी) को अपने विज्ञापन कहां लगाने चाहिए। इसके बाद विज्ञापन को ठीक उसी स्थान पर लगाया जाता है जहां

यह सबसे अधिक ग्राहकों को आकर्षित करे। इस तरह से व्यवसाइयों द्वारा मार्केटिंग पर किए जाने वाले बहुत अधिक खर्च को काम किया जा सकता है।

Loyalty Programs

किसी ब्रांड या व्यवसाय द्वारा प्रदत्त व्यक्तिगत बर्ताव उस ब्रांड या व्यवसाय के प्रति हमारी लॉयल्टी (निष्ठा) सुनिश्चित करता है। लॉयल्टी प्रोग्राम्स, ग्राहक सहायता के उच्चतम स्तर को प्राप्त करने के लिए डिज़ाइन किए जाते हैं। एक कंपनी अपने ग्राहक के जितना नजदीक जा पाएगी, उसका आउटपुट उतना ही बेहतर होगा। AI द्वारा ग्राहकों की व्यक्तिगत जरूरतों का पता लगाकर इस स्तर तक पहुँचा जा सकता है।

The Robot Knows You

रोबोट वैसी मशीन नहीं होती जैसी आप उम्मीद करते हैं। रोबोट्स को इस तरह डिज़ाइन किया जाता है कि उनकी प्रकृति मनुष्यों के समान हो। यह जोशीली मशीन गर्मजोशी से आपका स्वागत करेगी और आपको समझने की कोशिश करेगी। AI को इस तरह से डिज़ाइन किया गया है कि मनुष्य उससे अपने दिल की बात साझा कर पाए। इस तरह के AI का उपयोग करने वाला संगठन या कंपनी, वर्चुअल तरीके से, आपके बारे बहुत कुछ जान सकते हैं।

Style Advice

ये रोबोट बिलकुल इंसानों जैसे होते हैं। ये आपके शरीर पर कपड़ों और अन्य एक्सेसरीज का प्रक्षेपण करके आपको स्टाइल सलाह प्रदान करते हैं ताकि आपको बुद्धिमानी से चुनने में सक्षम बनाया जा सके।

Attracts Attention

मानें या न मानें, रोबोट की उपस्थिति ध्यान आकर्षित करने वाली होती है। आपकी फर्म तकनीकी रूप से जितनी अधिक उन्नत होगी, उसके प्रति ग्राहकों का ध्यान उतना ही अधिक आकर्षित होगा। रोबोट ग्राहकों के लिए एक कलात्मक खिंचाव उत्पन्न करते हैं और उनकी उपस्थिति संतोषजनक होती है।

Keeps the Products Up-to-Date

AI, filtration का काम भी करता है। इसका उपयोग कर केवल वही उत्पाद बाजार में उपलब्ध कराए जाते हैं जिनकी मांग बाजार में बनी हुई है।

Solves Business Challenges in Different Areas

Marketing की दुनिया में कभी भी भविष्यवाणी नहीं की जा सकती है। कभी भी कुछ भी हो सकता है। Marketing, Sales और CRM Systems के लिए AI लचीले समाधान प्रदान करता है। उदाहरणार्थ, Getty Images ने AI के उपयोग द्वारा उचित ग्राहकों को लक्षित करके सफल leads लॉन्च किए हैं। इसी तरह की कई कंपनियां हैं जिन्होंने कई अलग-अलग क्षेत्रों में व्यावसायिक चुनौतियों का सामना करने के लिए AI प्रौद्योगिकियों का लाभ उठाना शुरू कर दिया है।

Smartphone Updates

AI के माध्यम से होने वाले अपडेट सीधे सीधे उपयोगकर्ता के स्मार्टफोन में होते हैं। इसी तरीके से स्मार्टफोन में इंस्टॉल की गई एप्लिकेशंस भी अपडेट की जाती हैं। इसी तकनीक द्वारा शेयर बाजार के अपडेट भी उपयोगकर्ता को लगातार मिलते रहते है और वह अपनी आवश्यकताओं को इन अपडेट्स के आधार पर संशोधित कर सकता है। इन सभी उदाहरणों के नैपथ्य में AI काम कर रहा होता है।

Purchase Predictions

अमेज़न जैसी ई-कॉमर्स कंपनियाँ ऐसा एल्गोरिदम विकसित करने का लक्ष्य रखती हैं जो ग्राहक द्वारा ऑर्डर करने से पहले ही इसकी भविष्यवाणी कर सके कि ग्राहक को क्या चाहिए और वही वस्तु ग्राहक को दी जा सके। इस तरह का एल्गोरिदम, ग्राहक द्वारा बारम्बार वेबसाइट पर की जाने वाली विजिट्स की मशीन लर्निंग पर आधारित होता है और ग्राहक द्वारा भविष्य में की जाने वाली खरीददारी की भविष्यवाणी करता है।

AI के व्यक्तिगत उपयोग

Household Jobs

AI काफी समय से घर के कामों में मदद कर रहा है। AI का इस्तेमाल कर बनाए गए रोबोट्स घरेलू कामों (जैसे कि सफाई करने, खाना पकाने, धूल हटाने इत्यादि) में लोगों की मदद कर रहे हैं।

Accompanies You

AI हमें वह साहचर्य प्रदान कर सकता है जिसकी हमें अकेलेपन में आवश्यकता होती है। ऐसे रोबोट बनाए गए हैं जो हमें उनसे लिपटने देते हैं। रोबोट पेट्स (पालतू जानवरों जैसे रोबोट्स) काफी लोकप्रियता हासिल कर रहे हैं। इस तरह से AI एकाकीपन को दूर करके हमारे जीवन को आसान बना देता है।

Entertainment Purposes

मनोरंजन बाजार में AI का उपयोग लगातार बढ़ता जा रहा है। Apple फोन में वर्चुअल असिस्टेंट Siri के आने के बाद से यह देखा गया है कि AI का उपयोग मनोरंजन प्रयोजनों के लिए भी किया जा सकता है। यह इस बात पर ध्यान देना मनोरंजक है कि ज्यादातर AI-युक्त वर्चुअल असिस्टेंट महिला है क्योंकि महिला की आवाज पुरुषों और महिलाओं दोनों को मनोहर लगती है।

Household Items

ऐसे ऑटोनोमस घर बनाए जा रहे हैं जो पूरी तरह से AI द्वारा नियंत्रित और संचालित होते हैं। ये घर इनके निवासियों के लिए बहुत अनुकूल होते हैं और उनके रहन-सहन को आसान बनाते हैं। उदाहरण के लिए जब आप सोते हैं तो लाइट्स अपने आप बंद हो जाती हैं और जब आप दरवाजों के पास आते हैं तो वे अपने आप खुल जाते हैं।

Helps You Choose

प्रोग्राम्ड AI आपके बजट को और आपके लिए महत्वपूर्ण चीज़ों को ध्यान में रखते हुए जीवन शैली के विभिन्न विकल्पों को चुनने में मदद करता है। यह आपकी व्यक्तिगत रूचि का भी ख्याल रखता है। अन्य AI की तरह, यह भी उसी गति से विकसित होता है जिस गति से इसका उपयोग किया जा रहा है।

Personal Motivator

इसमें कोई संदेह नहीं है कि जल्द ही AI भावनात्मक मामलों में भी मनुष्यों को हरा सकेगा। यह बात एक कपोल-कल्पना जैसी लग सकती है कि एक व्यक्ति को AI-युक्त रोबोट से जोड़ा जा सकता है, लेकिन यह कल्पना थोड़े दिनों में एक वास्तविकता बन जाएगी। इस तरह के रोबोट्स और AI न केवल आपकी

भौतिक जरूरतों का ख्याल रखेंगें, बल्कि जरूरत पड़ने पर भावनात्मक रूप से भी आपका समर्थन करेंगें।

AI-themed Amusement Parks

AI-themed Amusement Parks में मौजूद रोबोट्स आपका मनोरंजन उसी तरह से कर पाएंगें जैसे मनोरंजन की उम्मीद आप मनुष्यों से करते हैं। हालाँकि यह अभी तक एक कल्पना ही है जिसे वास्तविक बनाया जाना है। इस तरह के मनोरंजन पार्क आपको अपनी पसंद का ऐसा जीवन जीने देंगें जिसके अंत में आपको किसी भी परिस्थिति से न निपटना पड़े।

Video Games

कॉल ऑफ ड्यूटी और फार क्राई जैसे वीडियो गेम AI का व्यापक उपयोग करते हैं। वीडियो गेम्स के पात्र युद्धाभ्यास और परिस्थितियों पर नज़र रखेंगे और उनका उपयोग अपने अस्तित्व को बचने के लिए आवश्यक चीजों की भविष्यवाणी करने के लिए करेंगे। हालांकि AI का यह उपयोग अभी तक परोक्ष है, लेकिन बाजार की मांग के कारण वीडियो गेम्स को अपग्रेड करने के लिए प्रत्येक वर्ष बड़ी राशि खर्च की जाती है।

Body Trackers

गेम को आपके शरीर द्वारा नियंत्रित करने में सक्षम बनाने के लिए AI को उन सेंसर्स में संचारित किया जाता है जो आपकी शारीरिक गतिविधियों को देखते हैं और स्क्रीन पर वस्तु की गतिशीलता को शुरू करते हैं। इन बॉडी ट्रैकर्स के पास उच्च प्रसंस्करण एल्गोरिदम के साथ साथ कुशल ट्रैकर्स और असाधारण न्यूरल और फिजिकल ट्रांसमीटर्स की भी आवश्यकता होती है।

Universal Translator

AI के इस उपयोग द्वारा रियल-टाइम (वास्तविक-समय) में आमने-सामने की गई बातचीत का अनुवाद किया जा सकता है। AI यहाँ न्यूरल मशीन ट्रांसलेशन (एनएमटी) तकनीक का उपयोग करता है और किसी व्यक्ति द्वारा दिए गए भाषण को ध्यान में रखता है। AI इसे शुरू में एक अस्तव्यस्त डाटा के रूप में लेता है, फिर इसे तब तक व्यवस्थित करता है जब तक कि इसका मतलब समझ में न आने लगे। यह शब्दों के नमूनों को छोटे-छोटे भागों में बांटता है

और उन्हें पहचान लेता है। Universal Voice Recognition Systems इसी तरह से कार्य करते हैं। Microsoft और Google Translator 50 से अधिक भाषाओं में आमने-सामने की गई बातचीत के टेक्स्ट और स्पीच ट्रान्सलेशन्स के लिए AI तकनीकों का भरपूर उपयोग करते हैं।

सैन्य क्षेत्र में AI के उपयोग

Unmanned Air Vehicle

ये वाहन अपने ऑटोनोमस (स्वायत्त) डिजाइन के कारण मानव-रहित लगते हैं। ये वाहन या तो रिमोट-कंट्रोल्ड या प्री-प्रोग्राम्ड होते हैं और इन्हें उड़ाने के लिए मानव की आवश्यकता नहीं होती है क्योंकि ये AI-क्षमताओं से युक्त होते हैं। हालांकि इस तरह के वाहन बनाना मुश्किल और महंगा है, लेकिन मानव संसाधनों की क्षति को न्यूनतम कर देने के कारण ये काफी लोकप्रियता हासिल कर रहे हैं।

Military Simulations

सैनिकों को विशेष कक्षों में रखकर प्रशिक्षित किया जा रहा है जहां AI तकनीकों द्वारा खतरों का आभास कराया जाता है। इन सिमुलेटेड अभ्यासों से सैनिकों के लिए असली लड़ाई के दौरान दुश्मन से संघर्ष करना आसान हो जाता है।

Missile System

ऐसा AI बनाया जा चुका है जो सेना की मिसाइल प्रणाली की सहायता करता है। यह सही मौके का पता लगाता है और समय आने पर तुरंत मिसाइल दाग देता है। मिसाइल दागने के लिए इसे किसी से आज्ञा लेने की जरूरत नहीं होती है। यद्यपि यह तकनीक बेहद खतरनाक है, लेकिन यह उन प्रौद्योगिकियों में से एक है जो आजमाने के लिए ललचाती हैं।

Anti-Ballistic Missile System

Anti-Ballistic Missile System अद्वितीय सिद्धांतों पर काम करता है। इसका उपयोग Ballistic Missile के हमले को रोकने के लिए किया जाता है। यह सिस्टम पता लगाता है कि हमलावर मिसाइल का विस्फोट कब और कहाँ होगा, और इस सम्भावी हमले से बचाव के लिए प्रयास करता है। यह सिस्टम

मिसाइल प्रोजेक्टर के बारे में सीखता है और कुशलता से वायुमंडल में उस स्थान को तय करता है जहाँ पर रक्षात्मक मिसाइल का विस्फोट किया जाना है। दुनिया भर के कई देशों ने इस तकनीक को विकसित किया है।

Killer Robots

ये रोबोट्स युद्ध के आखिरी हथियार की तरह है। हालांकि युद्ध के लिए प्रशिक्षित ऐसे रोबोट अभी तक अविश्वसनीय हैं परन्तु इनकी संकल्पना डराने वाली है।

AI Drones

Drones (दूरनियन्त्रित यानों) के प्रयोग में AI का उपयोग काफी समय से किया जा रहा है। स्मार्ट तकनीकों से लैस हेलीकॉप्टर और ड्रोन अपनी कार्यवाही के क्षेत्र की रिपोर्ट तुरंत प्राप्त कर सकते हैं। AI में उन चित्रों से सीखने की क्षमता होती है जिन्हें वह इकट्ठा करता है।

Autonomous Military System

इस बात की अत्यधिक संभावना है कि AI खुद यह तय करने में सक्षम होगा कि वह कहाँ, कब और कैसे सैन्य कार्यवाही करने जा रहा है। इस प्रक्रिया में मानवीय हस्तक्षेप की बिल्कुल भी आवश्यकता नहीं होगी। हालांकि यह प्रश्न अभी भी विचाराधीन है कि क्या रोबोट द्वारा इस तरह से किए गए निर्णय, मानव कमांडर द्वारा लिए गए निर्णयों के समान प्रामाणिक होंगे।

Security Surveillance

एक व्यक्ति के लिए एक ही समय में 10 सुरक्षा मॉनीटर्स की निगरानी करना बहुत मुश्किल होता है। इस मुश्किल काम को AI, पिक्चर रिकग्निशन सॉफ्टवेयर द्वारा आसानी से कर सकता है। इस प्रक्रिया के दौरान जैसे ही AI को संदिग्ध गतिविधि का पता चलता है तो यह सिक्योरिटी सुपरवाइजर को तुरंत इसकी जानकारी भेज देता है।

Spoken Word Recognition

एक शत्रु क्षेत्र से दूसरे शत्रु क्षेत्र में किए गए हर फ़ोन कॉल की जांच नहीं की जा सकती है। लेकिन AI के पास न केवल हर कॉल के दौरान दोनों ओर से इस्तेमाल किए गए शब्दों को परखने की क्षमता होती है, बल्कि बातचीत के

दौरान आवाज़ के उतार-चढ़ाव को मापने की भी क्षमता होती है। इस तकनीक से दो अलग-अलग क्षेत्रों के लोगों को संवेदनशील जानकारी साझा करने से रोका जा सकता है।

Specially-Designed Satellites

नवीनतम AI तकनीक से लैस ये उपग्रह बहुत स्मार्ट होते हैं। ये उपग्रह, सेना को दुश्मन क्षेत्रों पर नज़र रखने में सक्षम बनाते हैं। यदि किसी असामान्य गतिविधि का पता चलता है, तो AI सेना को तुरंत चेतावनी देता है। इन उपग्रहों में मौजूद AI, अन्य AI तकनीकों की तरह Speech, Pictures and Face Recognition Techniques का इस्तेमाल करता है।

समाचार जगत में AI के उपयोग

Generation of News (समाचारों का सृजन)

चाहे Google हो, Yahoo हो, या Fox News हो, ये सब अपने ग्राहकों को नवीनतम समाचारों की सुविधा प्रदान करने के लिए AI का उपयोग करते हैं। AI विभिन्न विषयों यथा खेल, फंतासी, वित्त और सामयिक मसलों पर सरल लेख लिख सकता है। AI भले ही एक खोजी विषय के बारे में गहराई से रिपोर्ट न बना पाए, लेकिन यह विचाराधीन विषय के बारे में एक रूपरेखा जरूर दे पाएगा।

Wordsmith Applications

कुछ AI-युक्त ऍप्लिकेशन्स द्वारा रिपोर्ट लेखन और समाचार लेखन के काम में मदद की जाती है। हालांकि इन ऍप्लिकेशन्स को असली लेखक से थोड़ी मदद लेनी होती है, लेकिन ये निश्चित रूप से लिखने के काम को बहुत आसान बना देती हैं। इस तरह के AI का इस्तेमाल ज्यादातर Data-Driven कंपनियों में किया जा रहा है।

Music and Movie Recommendation Service

जब भी कोई नई फिल्म या म्यूजिक रिलीज़ होते हैं, तो AI इनके टार्गेटेड दर्शकों को इस फिल्म को देखने या म्यूजिक को सुनने की सिफारिश करने का काम कर सकता है। यह सिफारिश निश्चित रूप से उन खोजों पर निर्भर करेगी

जो एक व्यक्ति अपनी डिवाइस से करता है। आपके द्वारा खोजे गए विभिन्न विकल्पों पर नजर रखकर AI आपको वे सिफारिशें भेज सकता है जो लगातार उत्पन्न हो रही हों।

Helps Out News Station

न्यूज़ स्टेशनों को तेजी से प्रोसेसिंग करने वाले कम्प्यूटर्स की आवश्यकता होती है और वे इन कम्प्यूटर्स की हर समय देखभाल नहीं कर सकते हैं। सस्ती पैरेलल कंप्यूटिंग और AI तकनीकों से लैस न्यूज़ स्टेशनों के लिए उस जानकारी को प्रोसेस करना बहुत आसान हो जाता है जो उसे बाहरी दुनिया से लगातार मिल रही है।

Better Algorithms

ये बेहतर एल्गोरिदम उन खबरों का आकलन करते हैं जिन्हें लोग सुनना चाहते हैं। इनका प्रयोग इसलिए भी होता है क्योंकि न्यूज़ स्टेशन सुस्त या उबाऊ खबरें नहीं देना चाहते। रेटिंग को ध्यान में रखते हुए न्यूज़ स्टेशन द्वारा प्रसारित सामग्री में लगातार सुधार लाया जाता है।

YouTube

YouTube एक ऐसा चैनल है जो आपको खुद को ब्रॉडकास्ट करने में सक्षम बनाता है। आपको AI के माध्यम से अधिक सब्सक्रिप्शन मिल सकते है। उपयोगकर्ता के पसंदीदा उपकरणों पर ही आपके चैनल का विज्ञापन दिखाई देगा। AI आपकी खोज के इतिहास के आधार पर अपनी खोजों को संशोधित करता रहता है।

Smarter Newsfeed

फेसबुक ने अपने उपयोगकर्ताओं की रुचियों और जिज्ञासाओं के आधार पर न्यूज़फ़ीड देने की सुविधा विकसित करने के लिए Smart AI Programmers को नियुक्त किया हुआ है। यही कारण है कि हमें अपनी Facebook Wall पर वे चीजें दिखना शुरू हो जाती हैं जिनमें हमारी रूचि होती है। यह न्यूज़फ़ीड आपके सोशल मीडिया अकाउंट पर आपके द्वारा की जाने वाली प्रत्येक गतिविधि का लेखा-जोखा रखकर तैयार की जाती है।

Science and Technology

AI, नए वैज्ञानिक आविष्कारों के अनुसार लगातार विकसित होता जा रहा है। यह वैज्ञानिकों और इंजीनियरों को एक दूसरे के करीब आने और एक विषय पर एक साथ चर्चा करने की अनुमति देता है।

Eliminates the Language Barrier

AI की नेचुरल लैंग्वेज डिटेक्शन क्षमताओं द्वारा एक भाषा में बनने वाले समाचार का अनुवाद दूसरी भाषा में किया जा सकता है। इस तरह दुनिया भर के लोग करीब आ सकते हैं और एक ही समय में एक समाचार या अपडेट पर विचार व्यक्त कर सकते हैं।

अध्याय 21

आधुनिक ऑटोमेशन का रोजगार क्षेत्र पर प्रभाव

ऑटोमेशन धीरे-धीरे हमारे जीवन के हर पहलू और हर उद्योग को प्रभावित कर रहा है। चाहे वह बैंकिंग और वित्तीय क्षेत्र हो या ऑटोमोबाइल, विमानन, विनिर्माण, ग्राहक सेवा, स्वास्थ्य सेवा और चिकित्सा क्षेत्र हो, ऑटोमेशन हर जगह और हर दिन अधिक से अधिक नए क्षेत्रों में अपनी घुसपैठ बनाता जा रहा है। कुछ विशेषज्ञों और अर्थशास्त्रियों ने पहले ही अनुमान लगाया है कि ऑटोमेशन और आर्टिफिशियल इंटेलिजेंस के कारण कई क्षेत्रों में कुछ हद तक बेरोजगारी होने वाली है जिसे वे 'तकनीकी बेरोजगारी' कहते हैं।

आज जब एक संगठन किसी भी आधुनिक ऑटोमेशन तकनीक को लागू करने की योजना बनाता है तो सबसे पहला प्रश्न यही उभरता है कि इससे प्रभावित कर्मचारी कैसे प्रतिक्रिया करेंगे? क्या वे इन ऑटोमेशन कार्यक्रमों के साथ जुड़ पायेंगें या वे इसे एक प्रतिद्वंदी के रूप में देखना शुरू कर देंगे? हर संगठन का मैनेजमेंट, अपनी ऑटोमेशन योजना का आकलन करते समय इस संवेदनशील पहलू से गुजरता है।

लेकिन अच्छी खबर यह है कि अगर हम इतिहास में पीछे मुड़कर देखें तो पाएंगें कि पिछले 200 वर्षों में हुए ज्यादातर आविष्कार मानवीय श्रम को मशीनी श्रम

से बदलने के लिए डिज़ाइन किए गए। और ऐसे मौकों पर, विद्वानों, विशेषज्ञों और अर्थशास्त्रियों ने शंकाएं जताई थीं कि "इंसान नौकरियों से बाहर हो जाएंगे और इंसान अपने मानवीय कौशल को अप्रचलित कर रहे हैं"। लेकिन सौभाग्य से, हर बार इस तरह की आशंकाएं गलत साबित हुईं।

उदाहरण के लिए, जब Automated Teller Machine (ATM) को बुनियादी और नियमित बैंकिंग कार्यों को ऑटोमेट करने के लिए इस्तेमाल किया गया था, तो इसने Bank Teller की भूमिका को नष्ट नहीं किया बल्कि बैंकों ने अधिक कुशलता से काम किया और मानव Teller की भूमिका अधिक जटिल कार्यों को करने के लिए स्थानांतरित हो गई। नतीजतन, बैंकों को अधिक से अधिक शाखाएं खोलने की अनुमति दी गई जिससे बैंकिंग नौकरियों की संख्या में बड़ी वृद्धि हुई।

क्या इस बार भी ऐसा ही होगा?

विश्व बैंक द्वारा प्रकाशित एक रिपोर्ट के अनुसार, ऑटोमेशन के कारण भारतीय सेवा क्षेत्र की लगभग 65% नौकरियां जाने का अनुमान है। और भारत अकेला ऐसा देश नहीं है। चीन में यह आंकड़ा लगभग 77% और इसी तरह अन्य देशों में भी होगा। अकेले भारतीय आई.टी. सेवा क्षेत्र में, लगभग 6.5 लाख निम्न-कुशल पद खतरे में हैं।

इन विशेषज्ञों ने यह भी अनुमान लगाया कि आधुनिक ऑटोमेशन की नई लहर "Blind to the color of your collar" है। इसका मतलब है कि आधुनिक ऑटोमेशन ब्लू और व्हाइट कॉलर जॉब्स दोनों को प्रभावित करेगा। ग्राहक सहायता और लिपिक कार्य जैसी नियमित नौकरियां सबसे अधिक प्रभावित होंगी, लेकिन अन्य अर्ध-कुशल और कुशल नौकरियां भी पूरी तरह से सुरक्षित नहीं हैं।

आइए विश्लेषण करते हैं कि इस बार के पूर्वानुमान, पिछली गलत साबित हुई शंकाओं से अलग क्यों है।

यदि हम इतिहास की ओर दृष्टि डालें तो पायेंगें कि औद्योगिक क्रांति ने मशीनों को "मैकेनिकल पावर" दी जिसके द्वारा ये मशीनें बारम्बार दोहराए जाने वाले काम मनुष्यों की तुलना में बड़ी मात्रा में, तेज रफ़्तार से और अधिक दक्षता से कर पाने लगीं | सत्तर और अस्सी के दशक में आई सूचना प्रौद्योगिकी क्रांति ने मशीनों को "कम्प्यूटेशन पावर" दी जिसके द्वारा ये मशीनें बारम्बार दोहराए

जाने वाले कम्प्यूटेशनल कार्यों को अत्यधिक रफ़्तार और दक्षता से करने लगीं। अब, AI ने मशीनों को "कॉग्निटिव स्किल्स" दी हैं जिनका उपयोग कर ये मशीनें स्वतः ही सीख सकती हैं, विश्लेषण कर सकती हैं, तार्किक विचार कर सकती हैं और इस तरह जुटाई गई सीख को आगे उपयोग कर सकती हैं। इस तरह से कॉग्निटिव स्किल्स युक्त मशीनें व तकनीकी संसाधन बुद्धिमतापूर्ण होते जा रहे हैं। क्या ये हमारे रोजगार के लिए वास्तविक खतरा है?

विशेषज्ञों के एक अन्य समूह की भिन्न राय है; उनका तर्क है कि दीर्घकालिक रूप से, ऑटोमेशन वास्तव में नौकरियों को समाप्त करने की तुलना में अधिक नौकरियों का निर्माण करता है। मशीनें बारम्बार दोहराए जाने वाले कार्यों को तीव्र गति से पूरा करने में सक्षम होती हैं और समग्र उत्पादकता को बढ़ाती हैं जिसके कारण कर्मचारियों को बौद्धिक रूप से चुनौतीपूर्ण और सृजनशील कार्यों पर ध्यान केंद्रित करने के लिए भरपूर समय उपलब्ध हो जाता है। इस प्रकार ऑटोमेशन और आर्टिफिशियल इंटेलिजेंस, मानव कौशल और क्षमताओं का स्थान लेने के बजाय उनके परिपूरक साबित होंगें। ये विशेषज्ञ यह भी मानते हैं कि यह "मानव और मशीन साझेदारी" का युग है। हालांकि, आर्टिफिशियल इंटेलिजेंस उन नौकरियों को खत्म या कम जरूर कर देगा जो बारम्बार दोहराए जाने वाले कार्यों से सम्बद्ध हैं और जो बौद्धिक रूप से कम चुनौतीपूर्ण हैं, रोजगार के नए रूप इन नौकरियों की जगह ले लेंगें।

इस तरह, ज्यादातर मामलों में ऑटोमेशन नौकरियों को पूरी तरह से खत्म करने के बजाय फिर से परिभाषित करने में मदद करता है। इस आमूलचूल परिवर्तन को देखते हुए, केवल चार साल की कॉलेज की डिग्री भविष्य में आजीवन रोजगार के लिए पर्याप्त नहीं रह पाएगी। इन परिस्थितियों में अपने कार्यकौशल की धार को तेज बनाये रखने के लिए सीखने की प्रक्रिया को आजीवन जारी रखना होगा ताकि उद्योग क्षेत्र में प्रासंगिक बना रहा जा सके। ऑटोमेशन का मकसद मानवीय योगदान को पूरी तरह प्रतिस्थापित करने का नहीं है, बल्कि लोगों द्वारा उद्यमों में किए जाने वाले कार्यों का स्तर बढ़ाने और उनकी नौकरियों में किए जा रहे योगदान के मूल्यों को बढ़ाने के बारे में है। हालांकि ऑटोमेशन के इस सन्दर्भ में कुछ रणनीतिक चुनौतियाँ हैं, लेकिन ऑटोमेशन आज लगभग सभी संगठनों के लिए एक आवश्यकता बन चुका है और हमें संगठन में ऑटोमेशन द्वारा लाए जाने वाले लाभों को ध्यान में रखना अत्यंत जरूरी है।

www.ingramcontent.com/pod-product-compliance
Ingram Content Group UK Ltd.
Pitfield, Milton Keynes, MK11 3LW, UK
UKHW022020190726
13853UKWH00005B/2028